なるにはBOOKS
162

特殊効果技術者になるには

小杉眞紀　山田幸彦　著

ぺりかん社

はじめに

この本を手に取る方は、「特殊効果《とくしゅ》」という言葉を知っていて、映画やドラマ、演劇などが好きな人が多いかもしれませんね。特殊効果というのは、実際にはありえない世界や生き物、宇宙人などをつくりだしたり、空を飛んだり、水の中で生活したりという、ふつうではできないことをリアルな映像に仕上げるための技術です。

映画でいうと、『ゴジラ』のような怪獣《かいじゅう》映画や『スター・ウォーズ』などのSF映画がぱっと思《おも》い浮《う》かぶかもしれません。しかし、現代においては恋愛ドラマから毎日の天気予報まで、特殊効果や視覚効果を使っていない映像はほとんどないといっていいほど、日常の映像や舞台《ぶたい》には欠かせない技術となっています。

たとえば、連続ドラマで最初は20代《だい》だった主人公が、最終話では70代《だい》になっているという場合、同じ人が年齢《ねんれい》を重ねていく表現は、特殊メイクアップを施《ほどこ》したり、CGで映像を加工したりして、しわや白髪《しらが》を入れ、年相応に見えるようにしています。刑事ドラマのなかで、拳銃《けんじゅう》を撃《う》ったり爆発《ばくはつ》があるようなシーンには、火薬類を取《と》り扱《あつか》う専門の人がいます。こうした街を怪獣《かいじゅう》が襲《おそ》うシーンでは、ミニチュアの街並《まちな》みが使われることも多いでしょう。こうしたことは、みな「特殊効果」と呼ばれています。

もちろん、舞台《ぶたい》上でも特殊メイクアップを施《ほどこ》している人が登場したり、爆破《ばくは》のシーンがあったり、ピーターパンのように空を飛んで舞台《ぶたい》に舞《ま》い降《お》りてくるといった場面がありま す。

一般的《いっぱんてき》には撮影《さつえい》セットや舞台《ぶたい》上で実際に行われるものを特殊効果、CGなどで映像を制作することを視覚効果といいます。しかし、現代の特殊効果においては最終的にCGなどで加工し、編集をすることが多く、特殊効果について説明するうえで、視覚効果は切っても切れない技術です。そのため、特殊効果と並行《へいこう》して視覚効果についても、この本では紹《しょう》介《かい》しています。

この本を通して、みなさんに「こういう専門の仕事をする人がいるんだ！」とか「こういう場面はCGだったんだ！」など、新しい驚《おどろ》きと発見をお届けしたいと思います。

特殊効果は、「本物にしか見えない」とか、「どこに特殊効果が使われているのかわからない」と観客がリアルに感じてくれたら成功です。でも、成功すればするほど、技術者の存在も見えにくくなってしまいます。

この本では、そんな見えざる技術者たちの紹介《しょうかい》や、どんな特殊効果が使われているのかなどを取り上げています。映像づくりの奥深《おくぶか》さを少しでも感じてもらえたらうれしいです。

小杉眞紀《こすぎまき》・山田幸彦《やまだゆきひこ》

特殊効果技術者になるには　目次

[3章]

なるにはコース

※本書に登場する方々の所属などは取材時のものです。

[装丁]図工室　[カバーイラスト]カモ　[本文イラスト]めやお　[本文写真]取材先提供

「なるにはBOOKS」を手に取ってくれたあなたへ

「働く」って、どういうことでしょうか?

「毎日、会社に行くこと」「お金を稼《かせ》ぐこと」「生活のために我慢《がまん》すること」。

どれも正解です。でも、それだけでしょうか? 「なるにはBOOKS」は、みなさんに「働く」ことの魅力《みりょく》を伝えるために1971年から刊行している職業紹介《しょうかい》ガイドブックです。

各巻は3章で構成されています。

[1章] ドキュメント 今、この職業に就いている先輩《せんぱい》が登場して、仕事にかける熱意や誇《ほこ》り、苦労したこと、楽しかったこと、自分の成長につながったエピソードなどを本音で語ります。

[2章] 仕事の世界 職業の成り立ちや社会での役割、必要な資格や技術、将来性などを紹介《しょうかい》します。

[3章] なるにはコース なり方を具体的に解説します。適性や心構え、資格の取り方、進学先などを参考に、これからの自分の進路と照らし合わせてみてください。

この本を読み終わった時、あなたのこの職業へのイメージが変わっているかもしれません。「やる気が湧《わ》いてきた」「自分には無理そうだ」「ほかの仕事についても調べてみよう」。

どの道を選ぶのも、あなたしだいです。「なるにはBOOKS」が、あなたの将来を照らす水先案内になることを祈っています。

さまざまな表現をつくりだす

特殊効果技術者

(A)

(B)

(A)

(C)
実写

(C)
完成形

(D)

画像提供

(A)⋯⋯⋯スカイテック社
(B)⋯⋯⋯メイクアップディメンションズ
(C)⋯⋯⋯©「無頼」製作委員会、チッチオフィルム
(D)⋯⋯⋯石井那王貴

VFXの効果

架空の生物を描く

3DCGを描くときは、多角形（ポリゴン）の集合体で表現する

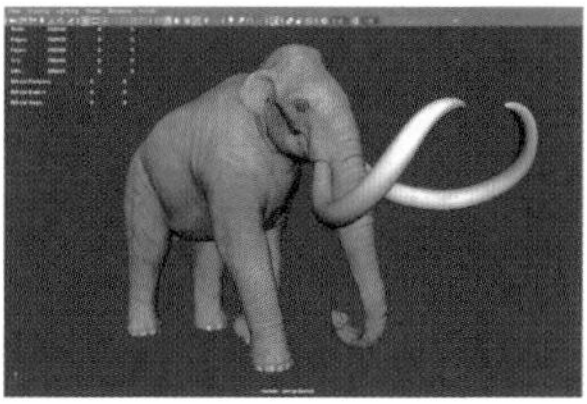

足首や鼻のしわ、色味や質感などを設定していく

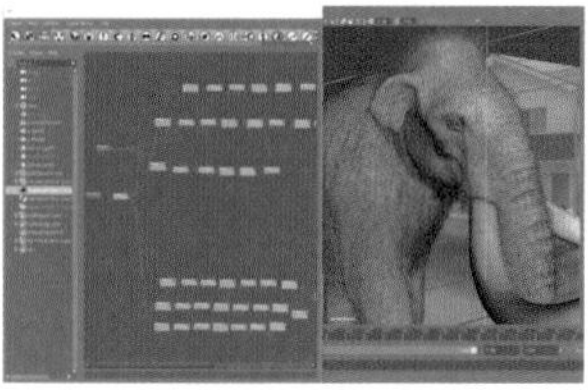

滑らかな毛の動きなどをシミュレートする

動きは象の動画を参考に、さらにどっしりとした重量感を出すためのモーションをつけていく

完成画

主人公の妄想した生物であるマンモスをみごとに再現。

映画「おらおらでひとりいぐも」は15th Asian Film AwardsのVFX部門にノミネート。

リアルな虎を描く

実写の風景

3DCGで描いた虎を、背景と合成する

実写の背景と 3DCGで描いた虎がなじむよう、
陰影や色味を修正していく

熊と写真の合成

バックの壁をブルーに塗った状態で、
本物の熊を撮影

熊の檻がある場所を設定して、演技をする俳優だけを撮影

俳優の撮影シーンに、熊を鉄格子ごと合成して、さらにその上から鉄格子の 3DCG を合成して仕上げる

画像提供

特殊メイク（リアルメイク）の効果

50代
老けメイク　岡田将生さん

60代

70代

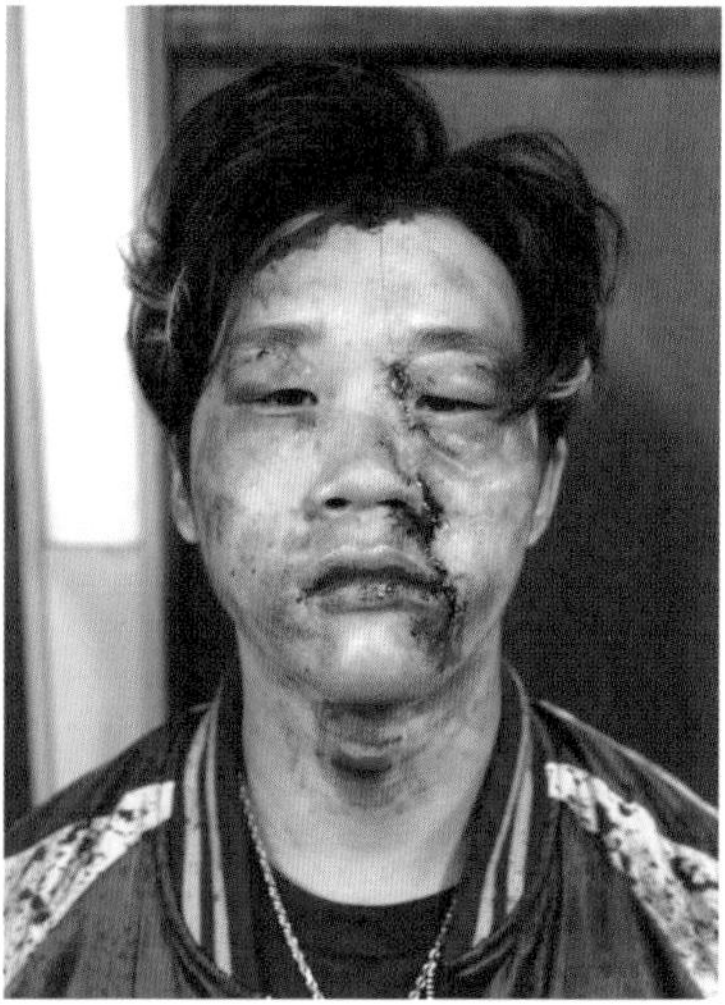

小林聖太郎監督
『破門　ふたりのヤクビョーガミ』
シリコーン傷メイク　矢本悠馬さん

画像提供
メイクアップディメンションズ

パイロテクニシャンの効果

広い採石場で好天の撮影日和

それぞれに威力が違う火薬類を用意

ガソリンを準備

大きな炎が吹きあがる爆発（ナパーム爆発などと呼ばれる）の、炎の元となるガソリンを慎重に準備。右側にある黒いボタンの並ぶ装置は点火用スイッチ。点火用スイッチは有線で、爆破地点までつながる。

火薬類を準備

爆破の勢いを逃がさず、地面も傷つけないよう鉄板の上にガソリンの袋と、線でつながれた火薬類を設置。

爆破！

観光PR用に撮影された爆破シーン＊

画像提供
スカイテック社
＊茨城県営業戦略室観光物産課デスティネーション推進室

特撮美術の効果

大分県のご当地怪獣映画『大怪獣ブゴン』に登場する別府タワーのミニチュア

ビルの上に鉄骨のタワーが載るという独特な構造をみごとに再現。図面作成に3日、ロケハンを含め総制作期間は約3カ月という力作。ミニチュアとはいえ、高さは1.7メートルにもなる巨大なものだったため3分割できるように設計し、現地に搬入後、組み立てられた。

画像提供
石井那王貴

特殊効果技術を学ぶ

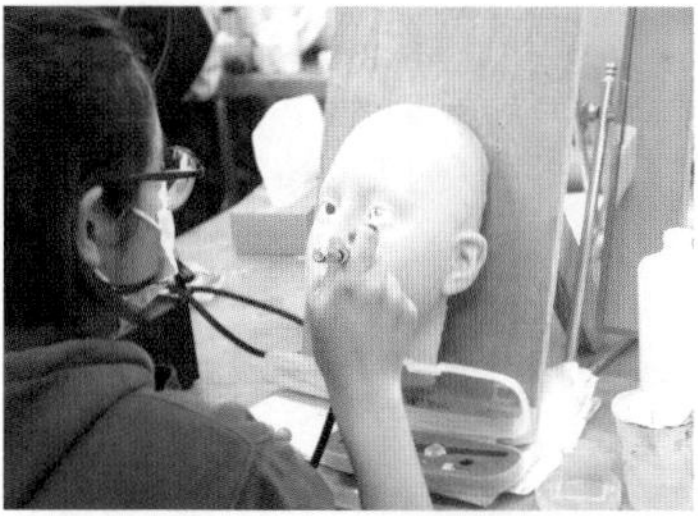

授業風景。特殊メイク、彫塑など実技を学ぶ学生たち

画像提供
専門学校東京ビジュアルアーツ・アカデミー

卒業制作で発表

特殊造形コース卒業制作

特殊メイクコース卒業制作

映像・舞台メイクコース卒業制作

校内にはグループ制作の力作も並ぶ

画像提供
専門学校東京ビジュアルアーツ・アカデミー

1章

ドキュメント 特殊効果技術者の現場

ドキュメント 1 ＶＦＸスーパーバイザー

ジョン・カーペンターにあこがれ、映画の道へ

ナイス・デー

オダ イッセイさん

編集部撮影

オダさんの歩んだ道

物語をつくることに魅《み》せられたオダさん。長崎《ながさき》大学在学中にはテレビやＣＭの現場にかかわり、映像制作に打ちこみます。現在では監督《かんとく》作品２本のほか、数多くの作品にＶＦＸスーパーバイザーとしてたずさわり、映画業界の最前線で活躍《かつやく》しています。２０２３年には第10回ニース国際映画祭において映画『信虎《のぶとら》』で外国語映画部門最優秀《ゆうしゅう》ＶＦＸ賞を受賞しました。

大学在学中にプロのディレクターに

幼稚園《ようちえん》のときに『空《そら》の大怪獣《だいかいじゅう》 ラドン』という映画を見たことが、今の仕事へとつながるはじめの一歩でした。映画の最後で、ラドンの親子が熊本県《くまもとけん》・阿蘇山《あそさん》の火口で死んでいくシーンがありました。私は、長崎の出身ですが、母の実家が熊本でした。なじみ深い阿蘇山で死んでいくラドンの姿が生々しくて涙《なみだ》したと同時に、漠然《ばくぜん》と「こういう、人の心を動かす物語をつくってみたい」と思ったんです。

ただ、最初から映画づくりを志望していたのではなく、小学生のころは漫画家《まんがか》の手塚治《てづかおさむ》虫《む》さんや望月三起也《もちづきみきや》さんにもあこがれていました。映画だけではなく、漫画《まんが》やイラストなど、あらゆる媒体《ばいたい》を通してすてきな物語を描《えが》いてみたいと考えている少年でした。

大きな転機となったのが、中学生時代にジョン・カーペンター監督《かんとく》の映画『ニューヨーク1997』を見たことです。映画の内容にも大きな衝撃《しょうげき》を受けましたが、最後に流れる字幕を見て、監督《かんとく》、音楽、編集までをカーペンター監督《かんとく》が手がけていることを知りました。それがとてもかっこいいと思い、自分も映画づくりの道へ進もうと決意しました。それからはお小遣《こづか》いをためて週末は映画館で一日中過ごしたり、地元の長崎大学の学祭での映画上映会を見にいくなど、とにかく映画漬《づ》けの日々を過ごしました。大学生のころには、毎年400～500本くらいの映画を見ていました。

高校生だったころ、高校の先輩《せんぱい》であり、長崎大学に進学した先輩《せんぱい》がビデオカメラを持っていて、自主制作ビデオの現場に誘《さそ》ってもらう機会がありました。当時は個人で所有できるビデオカメラが普及《ふきゅう》し始めたばかりで、学生でビデオカメラを持っている人はとても少なかったのです。ビデオカメラをつくってい る大手企業《きぎょう》が、カメラを普及《ふきゅう》させるために第1回のビデオコンテストをするといった時代で、その先輩《せんぱい》はコンテスト入賞の常連でした。そういった先輩《せんぱい》の影響《えいきょう》もあり、いざ高校卒業後の進路を決めるとなったときは、当時はまだめずらしかったビデオの編集機がある長崎大学教育学部美術科への進学を決めました。

大学に入ってからは、BBCやWTNといった、長崎でニュースやドキュメンタリー映像を撮影《さつえい》している会社に連絡《れんらく》をとって、アシスタントとして雇《やと》ってもらいました。また、地元の放送局に架空《かくう》のCMの絵コンテを描《えが》いて売《う》りこみ、アシスタントディレクターとして採用してもらいました。当時、「雇《やと》ってくれ」と放送局に連絡《れんらく》したり、絵コンテまで送ってくる学生はめずらしかったのでしょう。2年生からは完全に映像の現場で働いていたので、大学にあまり行かなくなってしまいました。

当時は、ドキュメンタリーからアマチュアバンドのPV（プロモーションビデオ）まで、がむしゃらに仕事をしていました。大学は休学したままでしたが、23歳《さい》で深夜番組のディレクターになることができました。しかし、それまでの無理がたたって体を壊《こわ》し、3カ月も入院することになってしまいました。また、それと前後して、地元の雲仙普賢岳《うんぜんふげんだけ》が噴火《ふんか》し大規模な火砕流《かさいりゅう》が発生して、多くの報道関係者が亡くなるという災害が起こりました。そのなかに親しくしていたカメラマンもいて、つぎの日に私も普賢岳の報道現場に合流する手はずになっていたので、とてもショックを受けたのを覚えています。

ひとつの時代が終わったような感じがして、自分のこれからを考えたとき、「やっぱりあこがれのジョン・カーペンター監督《かんとく》と仕事をしたい！」という思いが残ったのです。まずは東京に出て、いずれはアメリカで仕事をしたいなと。

そこで、7年間在籍《ざいせき》した大学を卒業して、東京《とうきょう》に出ることにしました。それが26歳《さい》のときのことです。

CGとの出会い

大学卒業後、手元にあった20万円だけをもって、長崎から東京に向かいました。大学時代の友人のところに「3カ月だけ居候させて

沖田修一監督『おらおらでひとりいぐも』の撮影現場で。回想シーンの準備に立ちあうオダさん

同作品の撮影現場で、自社のスタッフに指示確認

くれ」と頼《たの》み、その間に就職活動をしました。最初に入った会社で、その当時立ち上げられたばかりだったＷＯＷＯＷの広報ＣＭのコンペに参加して勝ちとり、絵コンテなどで映像にかかわることができました。そのつぎはディレクターとして、競馬場のスクリーンに流す映像をつくるなど、数カ月のうちに東京でも仕事が徐々《じょじょ》に軌道《きどう》に乗り始めてきました。演出はもちろんですが、絵コンテやデザイン画が描《えが》けるのが武器で、重宝がられたというか、おもしろがってもらえた部分があったのでしょう。学生のころは特撮《とくさつ》関連の本なども読みあさっていましたし、それがすべてフィードバックされて、仕事の幅《はば》が広がったんだと思います。

さまざまな仕事をするなかで、ゲーム会社から映像部門をつくりたいという話があって、

ＣＧ（コンピュータグラフィック）をつくれる人間といっしょに組んで、ＣＭやイベント映像を一手に任されて、自由につくることができた時代でした。それまでの出会いがきっかけになり、伊藤潤二《いとうじゅんじ》さん原作の漫画《まんが》を映像化した『うずまき』にＶＦＸスーパーバイザーとして参加しました。ＶＦＸとは、Visual Effects の略で、特撮《とくさつ》や視覚効果という意味あいです。ドキュメンタリーやＣＭ、ゲームなど、たくさんの映像の仕事をしましたが、そんななかでも、僕《ぼく》がやりたいのはやっぱり映画だったんです。

　いくつかの会社を転々としつつ、今の会社であるナイス・デーに入ったきっかけは、映画づくりができること。ＶＦＸの仕事もどんどん手《て》がけるようになり、２０２３年現在で１００本以上の劇場用映画作品にメーンの技師として参加しています。

ＶＦＸスーパーバイザーの仕事

　ＶＦＸについて、もう少し具体的にお話ししましょう。

　たとえば、時代劇の合戦のシーン。20人の俳優で合戦シーンを撮影《さつえい》し、ＣＧで何百人もの人数に見えるよう加工したりします。また、人物と背景を別に撮影《さつえい》し、後から合成したりすることもあります。こういうものがＶＦＸと呼ばれています。ＶＦＸというと、ＳＦで宇宙や未来を描《えが》いた作品や、怪獣《かいじゅう》映画などを想像する人も多いかもしれませんが、現在では、現実社会を舞台《ぶたい》にした多くのテレビドラマや映画でも、ＶＦＸを使用しています。主人公が車を運転して移動するだけのシーンでも、実は車に乗った主人公と背景の映像は別々に撮影《さつえい》したもので、後から合成していることも多いのです。ときには、背景はマット画と呼ばれる、写実的なイラストのときもあるんですよ。何枚もの写真や絵を合成したのに、絵画的なマジックを加えて見る人にはなんの違和感《いわかん》もない自然なシーンに見せるのが技術者の腕《うで》の見せどころです。

　VFXスーパーバイザーは、ひと言でいえば映像作品に用いるCGのまとめ役です。ただ、単にまとめるだけでなく、カメラマンや監督《かんとく》が決まっていない企画書《きかくしょ》の段階からかかわって、予算の組み方について相談を受けることもありますし、脚本《きゃくほん》についてキャラクターの心情を含《ふく》めた内面の表現についての意見を求められることもあります。

　だから、きれいなCGを用いたカットをつくることのみを考えるのではなく、脚本《きゃくほん》などに目を通したとき、「こういうシーンになる

炎を背景に。ジョン・カーペンター監督『ザ・ウォード 監禁病棟』の現場で

はずだから、このくらいの予算と時間がかかる」といった分析力《ぶんせきりょく》が要求されます。監督《かんとく》がまだそのシーンについては決めていない場合でも、自分のなかではここは10カットくらいのシーンになって、この部分はどういう合成になるのか……。脚本《きゃくほん》を読んで、カット数が頭の中に浮《う》かんでくるくらいじゃないとだめなんです。「監督《かんとく》に聞かないとわからない」ではなくて、演出が自分のなかで見えている必要があります。

　日本でのＶＦＸスーパーバイザーの仕事は比較的《ひかくてき》新しいため、まだ仕事の範疇《はんちゅう》がどこからどこまでというふうに確立されていません。私の場合は、現場のスタッフが決まる前から作品にたずさわり、クランクアップを経て映像を編集し、仕上げていく最終段階までかかわることが多いです。

　現場で撮影《さつえい》された映像にＶＦＸを加えていくのが基本的な仕事の

北村龍平監督『天間荘の三姉妹 -スカイハイ-』の現場で。演出部といっしょに水中用の素材撮影でライティングを確認

流れですが、その作業の流れも、現場によって変わっていきます。たとえば、私は撮影《さつえい》中《ちゅう》の段階で、現場で撮《と》り終《お》えた素材を翌日に手元に届けてもらうこともたびたびです。監《かん》督《とく》やカメラマンに「この作品のクオリティーを上げたいから、このカットを先行して担当スタッフに渡《わた》していいですか?」という感じですね。原田眞人《はらだまさと》監督《かんとく》の『関ヶ原《せきがはら》』や『燃《も》えよ剣《けん》』などは、CGによる合成が必要なカットが1200カットもありますし、そのなかでも実写の映像に背景として合成するマット画を描《えが》くには時間がかかりますので、早急に現場から素材をもらって作業を始めます。

日本ではまだまだ認知度の低い仕事ですが、海外では監督《かんとく》や脚本家《きゃくほんか》のつぎにギャランティーが高いポジションで、作品の中心を担う重要な仕事と位置づけられています。

念願をかなえ、ついにジョン・カーペンター監督と。監督に同行してリハーサルなどを撮影した時の記念写真

監督のロスの自宅やツアーの楽屋などで、自身の作品を観ながら感想をもらうなどの交流が続いている

「自分はできる」と思うことが大切

やりたい仕事をめざすなら、精神論になってしまいますが、「思いこみ」がほんとうに大切です。他人に評価される前に、まず、自分ならできると思わないとだめなんです。「根拠《こんきょ》のない自信」かもしれませんが、それが行動力につながります。私の場合、学生時代になんのつてもないのに自分を放送局に雇《やと》ってくれないかと電話したり、絵コンテを送ったりしたのが、今の仕事につながっていきました。

また、２００３年ごろ、まったく面識のなかったジョン・カーペンター監督《かんとく》に「あなたのおかげで映画を撮《と》れるようになりました！いつかあなたといっしょに仕事がしたい！」とＦＡＸを送って、アポイントも取れていないのにロサンゼルスに行ってから事務所に電話しました。そうしたら、「来週、ジョンが待っています」と言われて。それからカーペンター監督《かんとく》との交流が始まりました。そうやって、やりたいことがあったら、ひとまず何も考えずに飛びこんでみることが大事です。

あとは、いちばんやりたいことが心の中にあるとしても、ときには頭を柔《やわ》らかくして切《き》り替《か》えることが大切です。私は「映画の仕事がしたい」という思いをずっともっていましたが、当時日本の映画界は斜陽《しゃよう》で、あまりチャンスがありませんでした。そのときに、発売されたばかりのプレイステーションに勢いがあることを知り、技術的にもいろいろなチャレンジができるゲームの仕事をするようになりました。映像にかかわるという点では自分のやりたい映画の仕事に通じていたので、その経験が今の仕事に活きています。

いつでも新しくチャレンジできる準備を

今後の目標としては、僕《ぼく》は監督《かんとく》として3本目の映画を撮《と》りたいです。脚本《きゃくほん》はいくつか書いているし、企画《きかく》も温めているので、ぜひチャレンジしたいですね。VFXスーパーバイザーをやっている理由には、映画にかかわっていたいから、いつでも撮《と》れる体制を整えておきたいから、というのがあるんです。やっぱり人間ってなまけ者だから、何もやっていないと鈍《にぶ》りもするし、目標から遠くなっていくじゃないですか。だけど、常にその世界に身を置いておけば緊張感《きんちょうかん》を保てるし、新しい映像や技術にふれていられます。いざ自分がやれるチャンスが来たら、準備が整っているのですぐとりかかれるんです。その体制だけ

「映画に興味ある人は、ぜひめざしてほしい世界です」　編集部撮影

は常に整えていますね。

　もうひとつの目標は、アメリカのアカデミー賞の視覚効果賞のような、映画業界からＶＦＸの人間が称賛される状況《じょうきょう》をつくることです。そうしないと、若い優秀《ゆうしゅう》な人たちがみんなゲーム業界に流れてしまいます。毎年俳優や監督《かんとく》たちの前で表彰《ひょうしょう》されて、ちゃんと世の中の人たちに認められる状況《じょうきょう》をつくらないと、どんどんこの世界にあこがれる若い人たちは減っていってしまうのではないでしょうか。

　でも、日本アカデミー賞には、衣装《いしょう》やメイク、それにＶＦＸ（視覚効果）の賞がないんです。今やあらゆる映像にＶＦＸの技術が不可欠ですし、今後もどんどん必要とされていく技術ですので、もっとＶＦＸにかかわっている人たちが注目されるように、映像業界が変わっていけばいいと思います。

ドキュメント 2 特殊メイクアップアーティスト

アグレッシブに進んで行くことで、道が開けた

メイクアップディメンションズ
江川《えがわ》悦子《えつこ》さん

江川さんの歩んだ道

20代で渡米《とべい》し、ハリウッド映画からキャリアをスタートさせた江川さん。日本に帰国してから、特殊造形《とくしゅ》のパイオニア的工房《こうぼう》を設立します。2018年には第41回日本アカデミー賞協会特別賞を受賞。現在に至るまで、時代劇やコマーシャルなど、多彩な作品の現場で特殊メイクアップアーティストとして活躍《かつやく》しています。

特殊メイクの道に進むまで

短期大学を卒業してから、日本の出版社で3年ほど編集の仕事をしていました。しかし、夫がアメリカに転勤することになり、私も仕事を辞めていっしょに渡米《とべい》することにしました。もともと、女性も仕事をし、自分で生きていく力がないといけないというポリシーがあったので、5〜6年になるであろうアメリカ生活時代に、何か新しい仕事を始めようと思っていました。手を動かして何かを作る仕事がしたいけれど、何をしようか。そんなときに、たまたま見た映画、『狼男《おおかみおとこ》アメリカン』の人間が狼男《おおかみおとこ》へと変身していく映像に衝撃《しょうげき》を受けました。この映画は、史上初のアカデミーメイクアップ賞を取った作品です。人間がオオカミに変身していく過程が、まるで本当にあったことのようにリアルに描《えが》かれていました。それを見た途端《とたん》、特殊メイクこそが私のめざす道だと直感したのです。

ただ、当時はあまり知識がなく、専門用語も知らなかったので、まずは特殊メイクを教えてくれる養成校に行こうと考えました。実際に学校見学に行き、設備などがよいと思った学校で半年間ほど特殊メイクを学びました。卒業後、技術はまだまだでしたが、熱意だけであちこちのスタジオに売《う》りこむなかで、現場を手伝《てつだ》わせてもらえることになりました。

そうしていろいろな現場を経て、『狼男アメリカン』の特殊メイクアーティスト、あこがれでもあったリック・ベイカーに師事して活動することになりました。

アメリカで出会った周囲の人たちはとにかくアクティブで、彼らがいろいろなことにチ

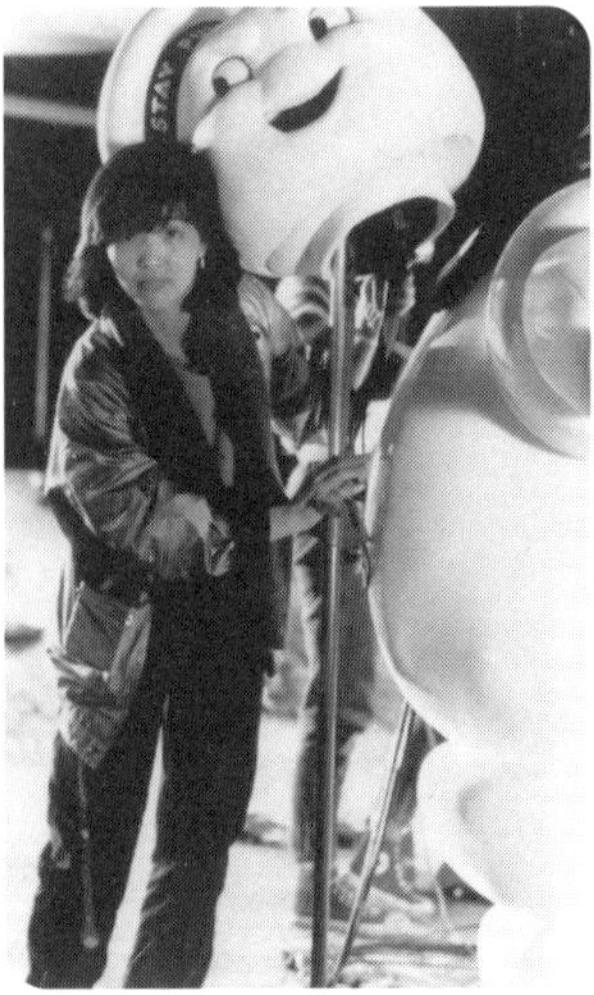

海外時代、映画『ゴーストバスターズ』制作現場で仲間たちと

ャレンジしているのを目の当たりにして、自分も怖《お》じ気《け》づいている場合ではないと思えたことが大きいと思います。まわりを見習って、「やりたいんだったら、やれるようにがんばってみよう」と、前向きな気持ちで進んでいくことで、道が開けました。

5年半ほどアメリカに住んでいて、最初の1年くらいは英語を学んだり、特殊メイクの学校に行ったりという準備期間でした。そのため、アメリカで特殊メイクの仕事をしていたのは、4年半くらいです。もともと5、6年で帰国する予定だったので、その間にできる限りの技術を修得して帰れば、日本でもどうにか活躍《かつやく》できるのではないかと思って、がむしゃらに知識を吸収しました。

日本でのキャリア

当時は、日本で特殊メイクというものが今のように認知されていたわけではなく、帰国したところで、仕事のあてがあったわけではありません。映画会社で働いている夫に相談したところ、「僕《ぼく》は何もしないけど、映画関係の人を紹介《しょうかい》してあげるから、自分で交渉《こうしょう》してみなさい」と言われ、映画会社である日活撮影《さつえい》所の当時の社長さんとお話をする機会を設けてもらいました。そこで今までのいきさつを話したら「おもしろそうだから」と、撮《さつ》影《えい》所内の小さなスペースを貸してもらうことができました。そこから私の日本での活動が始まりました。

最初の1年は作品作りに集中して、翌年から仕事をできればよいと思っていたのですが、すぐに日活《にっかつ》で撮影《さつえい》中だった『親鸞《しんらん》 白《しろ》い道《みち》』という時代劇映画に登場する生首を作成することになりました。それが日本での最初の仕事です。そこからいろいろな映画の監督《かんとく》やプロデューサーに作品を見せるなどして、自分の仕事を売《う》りこみ、『マルサの女《おんな》2』、『スウィートホーム』といった映画に参加していきました。『スウィートホーム』は、かなり大きなプロジェクトだったので、そのときに会社組織にしました。最初のお膳立《ぜんだ》てをしていただいた後は、自分で道を切り開いていった感じです。ただ、撮影《さつえい》所内だからこそ、そういう仕事のチャンスが巡《めぐ》ってきたので、あの場所をお借りできてほんとうによかったと思います。

最初こそ日活の仕事がメインでしたが、テレビドラマやコマーシャルの仕事など、撮影《さつえい》所とはかかわりなく外にある現場に出向いていくことが多かったと思います。場所だけお借りして、別会社としてどこの仕事でもやるというスタイルですね。1980年代後半は、日本でも特殊メイクという分野が注目され始めたころでした。いろいろな映像関係者が興味をもって声をかけてくれて、やりやすい時代だったと思います。特殊メイクの分野を志す人はまだ少なかったので、美術大学にアシスタント募集《ぼしゅう》を出して、スタッフになってもらったりしていました。そうやって仕事を続けていき、現在に至ります。

特殊メイクアップアーティストの仕事の流れ

仕事の基本的な流れとしては、まずオーダーが来て、どんな場面でどんな特殊メイクが必要なのかを、綿密に打ち合わせます。発注してきた方たちが望むものを作るのです。人に特殊メイクを施《ほどこ》す場合は、まずメイクをす

日本に帰ってから活動スタート。数々の顔の型

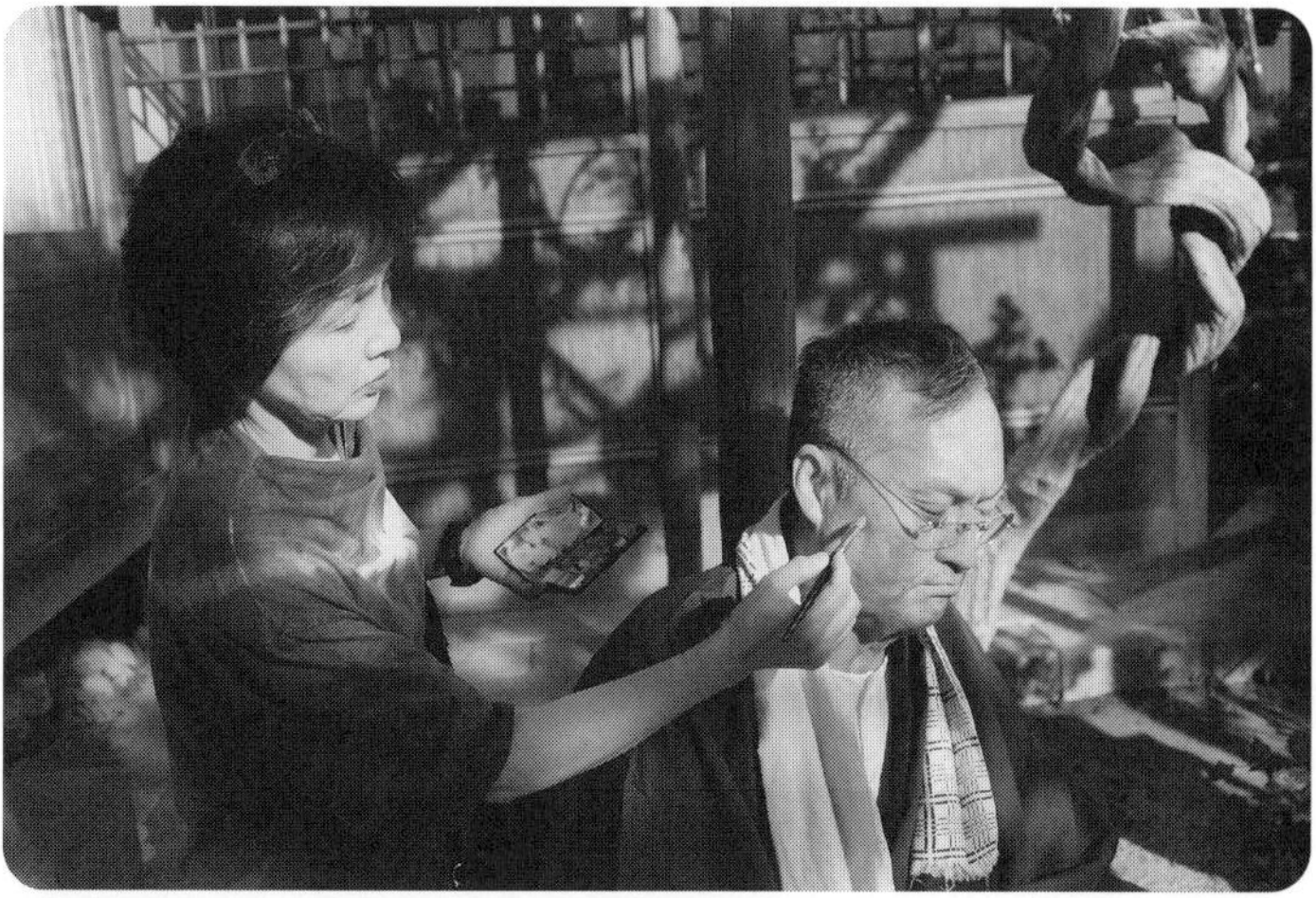

2012年NHKテレビドラマ『負けて、勝つ』の撮影現場

る俳優さんにお会いし、顔の形にぴったりと合わせる型（ライフマスク）を作ります。型を元に、傷などが造形された人工皮膚《ひふ》を作ることもあれば、先にお話しした生首などの場合は、頭のダミーをまるごと作成します。どちらの場合も、その顔型の上に彫刻《ちょうこく》し、石膏《せっこう》やシリコーンでネガ型を作成して、そこに液状の特殊ゴム素材などを流しこんで傷やしわなどを作ります。そして、撮影《さつえい》のときに作成したものを現場で俳優さんに貼《は》りつけ、継《つな》ぎ目《め》がわからないようにメイクをする流れです。

メイクをする面積の大きさなどによっても変わりますが、メイクを施《ほどこ》す時間はおおむね1時間から2時間です。昔は5時間とか6時間とか、時間が長いほうがすばらしいというような風潮もありましたが、私は、それはありえないと思っています。そもそも、メイクしている私の集中力が続きませんし、俳優さんも、演技をする前のメイクの時間だけで疲《つか》れてしまいます。1時間ちょっとで仕上げると言うとみんなにびっくりされますが、クオリティーを保ちつつ、なるべく短めに完成させるのが私の主義です。人に施《ほどこ》すメイク以外では、動物の造形物などを作りますが、それは2、3週間かかりますね。

私がこの仕事を始めたころから比べると、撮影《さつえい》スケジュールは短くなる一方で、型取りから始めていては成り立たない現場も多くなっています。その場合は、過去の仕事で作った型を使うなどして、時間を短縮していますね。もっと時間があれば、と思うこともありますが、なかなかたっぷり時間をいただけない。そこは残念なところです。

映画は公開が撮影《さつえい》の翌年だったりするなど、時間や気持ちにゆとりがあるのですが、テレビで放送される連続ドラマの場合は時間的な余裕《よゆう》はあまりなく、常に追いかけられている感覚があり、大変ですね。どの現場でも、メイクをする人の出番イコール私たちの出番なので、主役の俳優さんにメイクをするとしたら、ほんとうに忙しくなります。

私の工房《こうぼう》の一日の流れは、朝の9時30分出勤で、お昼に1時間休憩《きゅうけい》、午後4時ごろにまた30分ほど休憩《きゅうけい》して、その他の時間はスタッフの好き好きに作業してもらっています。なるべく残業をしないのが理想ではありますが、なかなかそうはいかないのが現実です。

特殊メイクアップアーティストになるには

特殊メイクアップアーティストになる道筋としては、まずは専門の学校で特殊メイクを

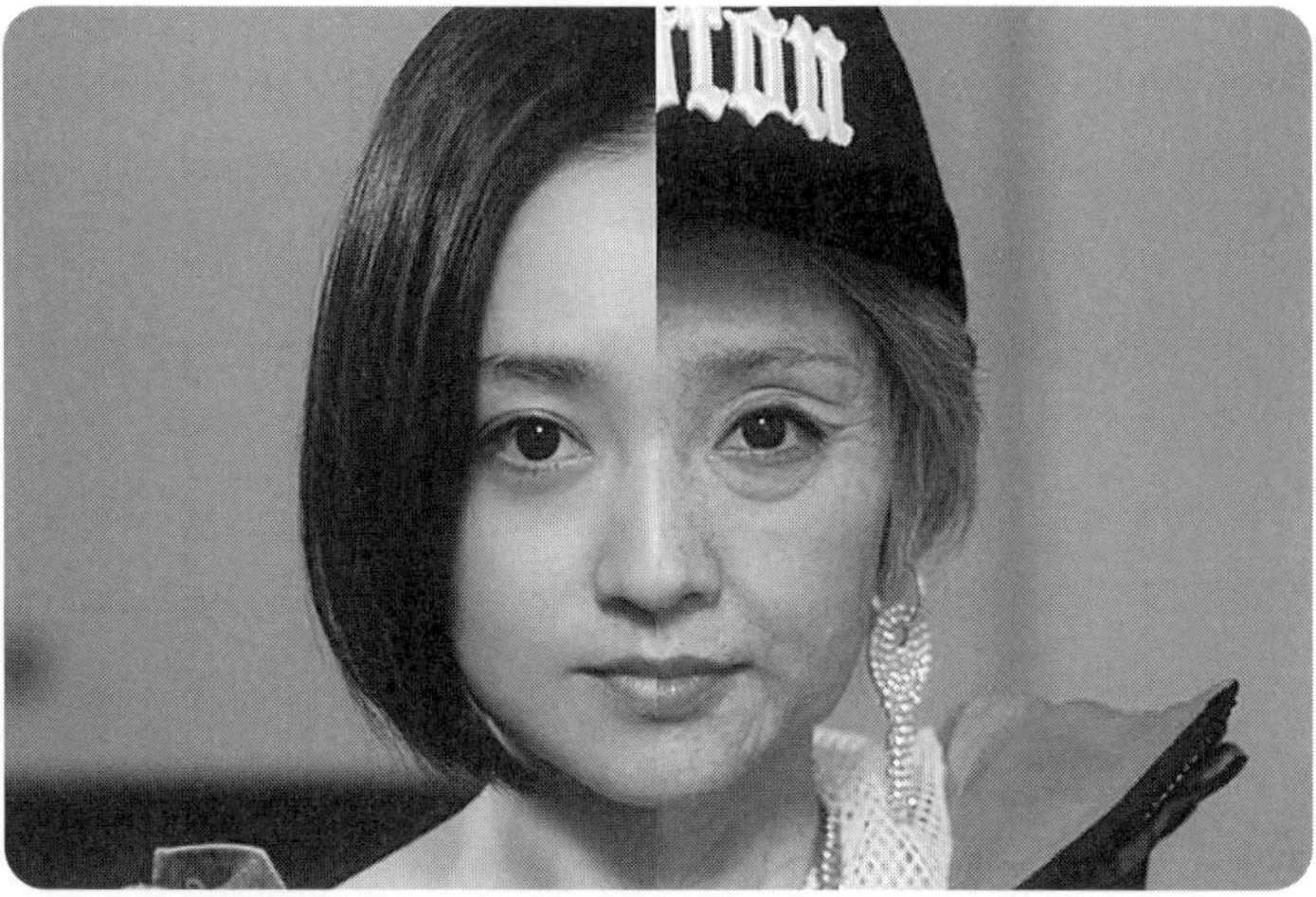

老けメイク　安達祐実さん

学び、フリーランスとしてどこかの現場にアシスタントに入ることですね。特殊メイクを仕事にしているいろいろな方のところで経験を積むことが大切だし、さまざまなことを学ぶためにあちこちの現場に行くには、フリーランスのほうがいいんです。私の工房《こうぼう》でも、最近は長期プロジェクトの仕事のときは専門学校の卒業生に来てもらっています。

　今は、卒業してすぐに正社員として働くという時代でもないかなと思っているので、武者修業ではないですけれど、いろいろな現場でアシスタントとして修業するのがいちばん。そして、技術力がアップしたところでフリーランスになり、どこかの工房《こうぼう》で行うプロジェクトに参加するというケースが多いかもしれません。ただ、フリーランスでも、この人にならある程度の仕事を任せられるというレベルの人もいれば、アシスタント的な立場でかかわってもらう人もいます。どのレベルの技術力をもった人が何人必要かに応じて、その仕事に合ったフリーランスに声がかかります。

特殊メイクアップアーティストはフリーランスが大半なので、収入に関しては人によります。たとえば、長期間作業をする大きなプロジェクトに声がかかると、半年くらいは収入面の心配をしなくてよいこともありますので、腕《うで》をみがいてそうしたチャンスを狙《ねら》って働き続けている人はいると思います。ただ、腕《うで》をみがくといっても、「これをやれば絶対にうまくなる」というものはありませんから、コツコツ続けていくしかありません。

専門学校では生徒たちに、自分の顔のダミーを作るといった授業をしています。眼球のパーツをきれいにヤスリでみがいて輝《かがや》きを出すとか、眉毛《まゆげ》やまつ毛を1本1本植えるとか、そういった作業の積み重ねで完成していくものなので、細かい作業が好きでないと、仕事にするのは難しいと思います。反対に、集中してひとつのことをコツコツやるような人には向いているでしょう。

完成した特殊メイクや、それが実際に使われている映画やドラマだけを見ると、華《はな》やかな仕事に見えるようですね。けれど、完成に至るまでの道筋は大変なので、すべてが華《はな》やかな仕事だと勘違《かんちが》いしてしまうと、なかなか続かないのではないでしょうか。

日本流に自分を合わせていく

特殊メイクを始めた最初のころは、自分も作ることに無我夢中《むがむちゅう》でした。とある女優さんに老けメイクをすることになったとき、「歴

①

②

③

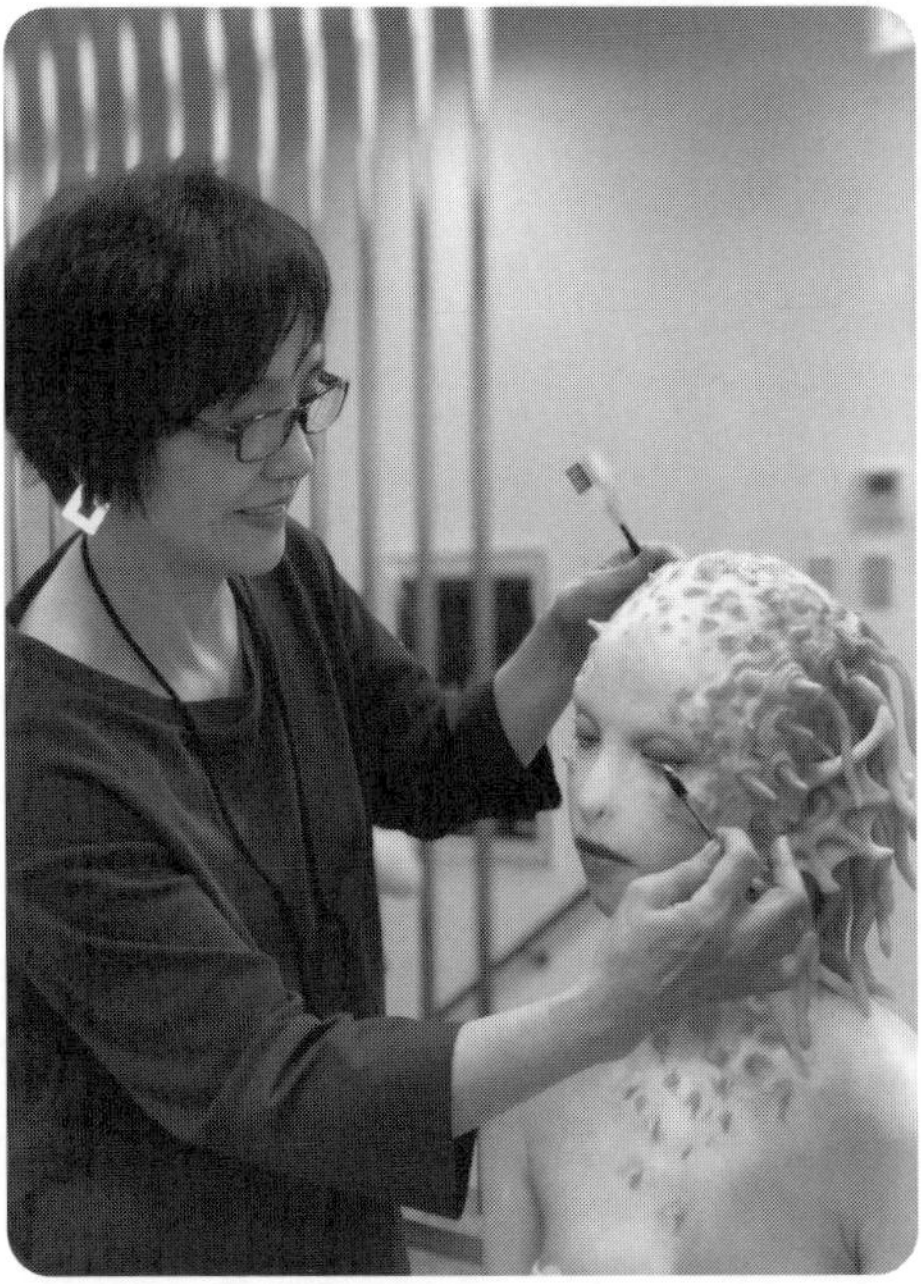

④

⑤

特殊メイクの流れ。
①メイクのイメージ画。
②モデルの顔型に彫刻を施す。
③ ②を人工皮膚（シリコーン）に置きかえる。
④モデルに、作成した頭皮をかぶせメイクを施す。
⑤完成。
（「THE WORLD END」展）

史上の人物のお母さん役だからちゃんと、しわっぽくしてくれないと演じられない」と言われました。そこで、はりきってメイクをしたところ、「しわしわすぎて、私のファンはこういう顔を見たくないと思うわ」と。打ち合わせをしてご本人の声を聞いたので、しっかりとメイクしたんですけど、洗礼を受けたと言いますか。どんなに言われても、女優さんの場合は、やりすぎないようにしようと学びました。

また、アメリカの現場では問い合わせなどはなんでも監督《かんとく》に直談判することが多くありました。日本に帰国後もそのようにしようとしたら、「日本では、順番を守らないと進むことも進まないから」といわれました。「郷に入れば郷に従え」というように、日本で仕事をするには文化の違《ちが》いを受け入れて、ちょっとずつ自分自身や仕事のやり方を日本風にアレンジしていきました。

大切なのは、眼を養うこと

若いみなさんは、今のうちに観察力を養っておくことが大事だと思います。映画を見るだけでなく、絵画などもヒントになります。私の場合は、おもしろい形をしているから深海魚が好きだったりもします。そのようにしてさまざまなものに興味をもつのは、ものづくりをするうえで大切なことです。みなさんは、『スター・ウォーズ』に出てくるヨーダをご存じですか? 主人公の修業を助ける異星人の師匠《ししょう》です。昔《むかし》、『スター・ウォーズ』に登場するヨーダを見たときに、なんでこんなにリアルなの、とたいへんな衝撃《しょうげき》を受けました。実在しないものが現実に存在しているようなリアル感をもっている。そういうものを自分もつくらなければいけないと思いました。みなさんもものづくりに対する目標があるときは、とにかく引き出しをたくさんつくっておくとよいでしょう。日常生活のなかでも、たとえば電車内でほかの人の顔のパーツなどを見てみると、それぞれまったく違《ちが》いますから。日本で仕事を始めたころは、日本人とアメリカ人とでは骨格に違《ちが》いがあるので、慣れるまで練習に練習を重ねました。あんまりじろじろと他人の顔を見てはいけませんが、日常のなかには見ていて楽しいものがたくさんあります。

2018年に第41回日本アカデミー賞協会特別賞を受賞した江川さん

今後の目標は、若い後進の人たちを育てることです。少しずつ現場に行く時間を減らして、指示して確認するだけという立場になれればと思っています。作ること自体はとても楽しいので、自分ならではの作品づくりにももっとチャレンジしていきたいですね。

プロになっても勉強が必要なのはどの仕事も同じだと思います。なかでも、ものづくりの世界は、興味を失ったり、上をめざさなくなったら終わり。新しい技術も上手《じょうず》に取り入れて融合《ゆうごう》していき、少しでも作品をよくしたいという気持ちを失わないことが大切です。

ドキュメント 3 特撮美術

大切なのは、ものをつくり人に見てもらう行動力

特殊《とくしゅ》映画《えいが》研究室《けんきゅうしつ》
石《いし》井《い》那《な》王《お》貴《き》さん

「超凱旋！ タローマン展」（川崎市岡本太郎美術館）にて撮影

石井さんの歩んだ道

幼いころから怪獣《かいじゅう》映画が大好きで、高校で自主制作映画づくりをしたことをきっかけに、特撮《とくさつ》美術の道を志します。大学卒業後はミニチュア制作の仕事を始め、映画『シン・ゴジラ』などの特撮《とくさつ》美術にもかかわりました。現在は、特殊映画研究室代表として、NHKテレビドラマ『TAROMAN岡本《おかもと》太《た》郎《ろう》式《しき》特撮《とくさつ》活劇《かつげき》』（「タローマン」）などの特撮《とくさつ》美術で活躍中です。

特撮《とくさつ》美術の仕事とは

怪獣《かいじゅう》映画やドラマのなかで、怪獣《かいじゅう》が街に出現する場面があるでしょう。そのときに、怪《かい》獣《じゅう》が壊《こわ》すビルや電車、怪獣《かいじゅう》のまわりを飛ぶ飛行機などを精巧《せいこう》に作るのが特撮《とくさつ》美術の仕事です。日本の映画の場合、怪獣《かいじゅう》は中に人が入っていることが多いので、身長は2メートル強くらい。その縮尺に合わせて、ミニチュアのビルや乗り物をつくっています。

まずは、監督《かんとく》と映画全体のイメージやどんなシーンが欲しいかなどを打ち合わせして、「絵コンテ」を元に何を作ればよいかを検討していきます。たとえば、怪獣《かいじゅう》が街でビルを壊《こわ》しながら歩くシーン。絵コンテは、あくまでもカメラアングルを意識した小さくてラフなイラストです。だから、実際には、もっと広がりのある街並みを作らなければならないこともあります。ビルを壊《こわ》したいとなったら、どのビルをどうやって壊《こわ》すかも考えなければなりません。それをスタッフたちに会議でプレゼンして、必要な材料などをそろえます。このときに、予算や撮影《さつえい》規模に応じて、自分で作るか、外部の人に発注するかも決めます。このビルは○○に作ってもらおうとか、電車は△△に作ってもらおうという感じです。

実は、僕たちのように映像用のミニチュア造形をしている人の大半がフリーランスなんです。だから、仕事上で信頼《しんらい》している何人かとチームを組んで仕事をすることが多いです。

作るものが決まったら、設計図を描《えが》きます。設計図は、手描《てが》きのときもありますが、コンピュータのソフトで描《えが》くこともあります。

ミニチュアの素材は、アルミだったり、発《はっ》

うまく壊れるようにビルにノコギリで切りこみを入れる

泡《ぼう》スチロールだったり、紙だったり、状況《じょうきょう》や予算に合わせて選びます。たとえば、紙コップだったり、食品サンプルの氷だったり、使えるものはなんでも使っています。

後は、撮影《さつえい》に間に合うよう、毎日毎日ひたすら制作をしていきます。設計図を頼《たよ》りに、紙や発泡《はっぽう》スチロールを加工して、本物そっくりの色を塗《ぬ》る……。ビルの大きさにもよりますが、1棟《とう》に3週間くらいかかります。

特撮《とくさつ》美術の仕事は、ミニチュアが完成したからといって、終わりではありません。

制作している場所から撮影《さつえい》スタジオに運びこむのですが、これがひと苦労です。車に載《の》せて運ぶので、大きい造形物は最初からいくつかに分割して作り、スタジオに着いてから組み立てて最後の仕上げをします。僕《ぼく》は今、自宅の一室を仕事部屋《へや》にしているので、城を作ったとき、車には載《の》せられる大きさにしたのに、ドアから出せなくて、慌《あわ》ててさらにいくつかに分割したということもありました。

スタジオに着いたら、ミニチュアの組み立てです。いくつかに分割していたビルなどを結合することはもちろんですが、街だったら、その街のイメージ通りにミニチュアを配置します。操演部の人が来て、ビルのどこにどういうふうに火薬を仕《し》掛《か》けるとうまくビルが爆発するかなどを相談します。ビルのミニチュアに火薬用の穴を開けたり、爆破したとき、形よくバラバラになるように柱部分などに切りこみを入れたりして、さらにぱっと見てもわからないよう、絵の具で補修します。

ミニチュアを怪獣《かいじゅう》が破壊《はかい》するシーンでは、カメラは定位置に固定しています。カットのアングルを変えたいときは、ミニチュアのほ

イメージ通りにバラバラに

うを動かすんです。僕《ぼく》たち特撮《とくさつ》美術のスタッフは、そういう設定もするので、そのシーンがすべて終了《しゅうりょう》するまで撮影《さつえい》につきあいます。疲《つか》れていると、事故も起きやすくなる場面です。無事故で、安全に仕事を終わらせるということを、いつも心がけています。

今はインターネットサイトや１００円ショップでも、そこそこ出来のよいミニチュアが売られているので、買ってくればいいじゃないかと思われてしまうこともあります。しかし、壊《こわ》す用《よう》のビルなんて売っていませんし、映像によっては、どこにも売っていないようなものばかりが登場します。たとえば、『タローマン』に出てくるものは、昭和レトロふうなので、どこにも売っていません。ミニカーもほかと縮尺が合えば使うこともありますが、壊《こわ》す用《よう》の車は紙で作ったりするんです。

映画『西日のまち』撮影現場の石井さん。電線やビルなどを配置して、ひとつの街並みができあがっていく

電柱や自転車、花壇のひまわりもすべて手づくり

子どものころから怪獣《かいじゅう》映画が大好き

怪獣《かいじゅう》映画が好きだった父に連れられて、幼《よう》稚園《ちえん》くらいのときから怪獣《かいじゅう》映画を見ていました。ちょうどそのころ、「ゴジラ」シリーズが毎年劇場で公開されていたので、父と見にいったりしていました。父の子どものころは、テレビで『ウルトラQ』のような怪獣《かいじゅう》の出てくるドラマをやっていて、第一次怪獣《かいじゅう》ブームが起こった世代なので、怪獣《かいじゅう》好きだったんでしょうね。家にも父が集めた怪獣《かいじゅう》映画のビデオがあって。また、僕《ぼく》が子どもだった90年代は民放がゴールデンタイムで怪獣《かいじゅう》映画を流していました。そういうのを見て育ちました。

父の仕事の関係で、小学校1年生から3年生の終わりまでをブラジルで過ごしました。ブラジルの日本人街には、邦画《ほうが》を扱《あつか》うビデオショップがあって、ゴジラ映画を買って見たり、公民館のようなところで日本映画特集をやっていて、そこに『ガメラ』を見にいったりしていました。このころのブラジルは、日本ほど子どものおもちゃがなかったので、紙でいろいろなものを工夫して作っていたのが、今につながるのかもしれません。

小学校4年生のはじめに日本へ帰ってきましたが、鉄道模型にはまって、いっときは電車の運転士になりたいと思っていた時期もありました。

とはいえ、日本に戻《もど》ってからも、怪獣《かいじゅう》映画はたくさん見ていました。映画がフィルムからデジタルに替《か》わりつつあるときで、ミニシアター系の映画がたくさん上映され始めたころです。それらの映画を見ていて、映像関係に行きたいなと思い始めたのが中学2年生のときです。それで、高校では漠然《ばくぜん》と映画関係のことがやりたいと思って、大阪《おおさか》府立工芸高校の映像デザイン科に進学しました。

しかし、そのころから怪獣《かいじゅう》映画が少し下火になってしまいました。高校の文化祭で映画を上映できるということだったので、プロが怪獣《かいじゅう》映画をつくらないなら、自分たちがつくるしかないと、友だちといっしょにはじめて怪獣《かいじゅう》ものの自主制作映画をつくったんです。そのまま映画の道に進みたいと思って、京都《きょうと》造形芸術大学の映画学科に進学しました。

就職までの道のり

大学生になっても、自主制作映画づくりは続けていました。高校生のときにつくっていた怪獣《かいじゅう》映画の完結編である『ハジラvsキングデスラ』という映画です。映画業界で働きたいという気持ちはさらに強くなったのですが、当時の日本映画界は「特撮《とくさつ》冬の時代」といわれており、どこも特撮《とくさつ》美術の仕事の募集《ぼしゅう》がなかったんです。僕《ぼく》が京都造形芸術大学に入学した2、3年後に、大阪芸術大学に特撮《とくさつ》コースができましたが、特撮《とくさつ》映画は今ほど盛《も》り上《あ》がっていませんでした。

　京都造形芸術大学には、年に2回だけ東京から特殊メイクの宗《そう》理起也《りきや》先生が来ていました。「平成ガメラ」シリーズのエンドロールを眺《なが》めていたら、偶然《ぐうぜん》その先生の名前を見つけたんです。宗先生の授業が終わった後に、「どうやったら映画業界に入れますか」と聞いてみました。先生には、「石井くんと同じくらいのころに『帝都《ていと》物語《ものがたり》』を見て、エンドロールから名前を探して、その人の会社を見つけ、手紙を送って入ったんだよ。ほんとうに好きだったら、行動したほうがいいよ」と言われました。そこで、僕《ぼく》も「ガメラ」の特技監督《かんとく》だった樋口真嗣《ひぐちしんじ》さんと、特殊美術を担当していた三池敏夫《みいけとしお》さんに手紙を書いたんです。返信用の封筒《ふうとう》と切手、写真を入れて、自主制作映画で怪獣《かいじゅう》映画をつくっているんですけど、電柱の作り方がわかりません、「ガメラ」シリーズのときはどうしていましたか、と。まだ大学生だから、怒《おこ》られることはないだろうなと思って。そうしたら、三池さんからも樋口さんからも返事がありました。うれしかったですね。そこから不定期にやりとりをしていましたが、数年後に現代美術館で「特撮《とくさつ》博物館」という催《もよお》しがあって、会場で三池さんとはじめて直にお会いすることができました。

　4年生のときに、三池さんから「春から

『進撃《しんげき》の巨人《きょじん》』の実写版をつくるから、ほんとうにやりたいなら、この仕事に懸《か》けて上京してみないか」と言ってもらえました。そこが業界への入り口でしたね。卒業した年の4月に、特撮《とくさつ》美術の現場に助手として入ることになったのです。

さまざまな映画にたずさわれた上京後

『進撃の巨人』の現場では三池敏夫さんの下に入って、助手のなかの一番下でした。朝一番早く来て、部屋《へや》の鍵《かぎ》を開けてみたいな。

ああいう大きな現場だと、ミニチュアを工《こう》房《ぼう》で作る班と、現場でセッティングする班に分かれるんです。ミニチュアは量が多いので、現場だけではこなせないから、手のまわらない部分は造形会社に発注します。でも、僕《ぼく》は特撮《とくさつ》の現場班についたので、両方にかかわることになりました。三池さんとしては「今は現場が少ないから、現場のまわし方を知っている人間が少ない。現場でミニチュアをどう使うかを知れば、工房《こうぼう》での作り方も変わる。作っても強度が足りないとか、バランスが悪いとかいうことが起きてしまうから、最初は現場を知ってほしい」ということで現場に投入されたんですね。10年この仕事をやっていますが、最初ということもあって、このころがいちばんハードでした。

現場に入るようになって1年目が『進撃の巨人』で、それからすぐに『烈車戦隊《れっしゃせんたい》トッキュウジャー』の撮影《さつえい》に入って、その後に『風《かぜ》に立《た》つライオン』という、さだまさしさんの歌が原作になっている作品があり……。目まぐるしい日々でした。

『進撃の巨人』の現場に遊びに来た田口清隆《たぐちきよたか》

監督《かんとく》に、大学時代の自主制作映画『ハジラ』を渡《わた》す機会があったんです。しばらくしたら、「すごくおもしろかったから、今度、鳥取《とっとり》県米子《よなご》市の映画祭で、上映してみる気はない?」と言ってもらえました。米子では、毎年映画祭があるんですが、そこで僕《ぼく》のつくった『ハジラ』が好評だったらしく、その縁《えん》で、ときどき田口監督《かんとく》のワークショップなどに特撮《とくさつ》アドバイザーとして呼んでもらうようになりました。

そのつぎに参加した『シン・ゴジラ』でも特撮《とくさつ》美術の現場の助手をずっとやって、もう一回「戦隊」シリーズの美術の助手をしてと、4、5年くらい、助手を続けていました。

新しい夢に向かって

実は、僕《ぼく》の夢《ゆめ》は、小さいころから大好きだ

2022年『怪猫狂騒曲』左から3人目が石井さん

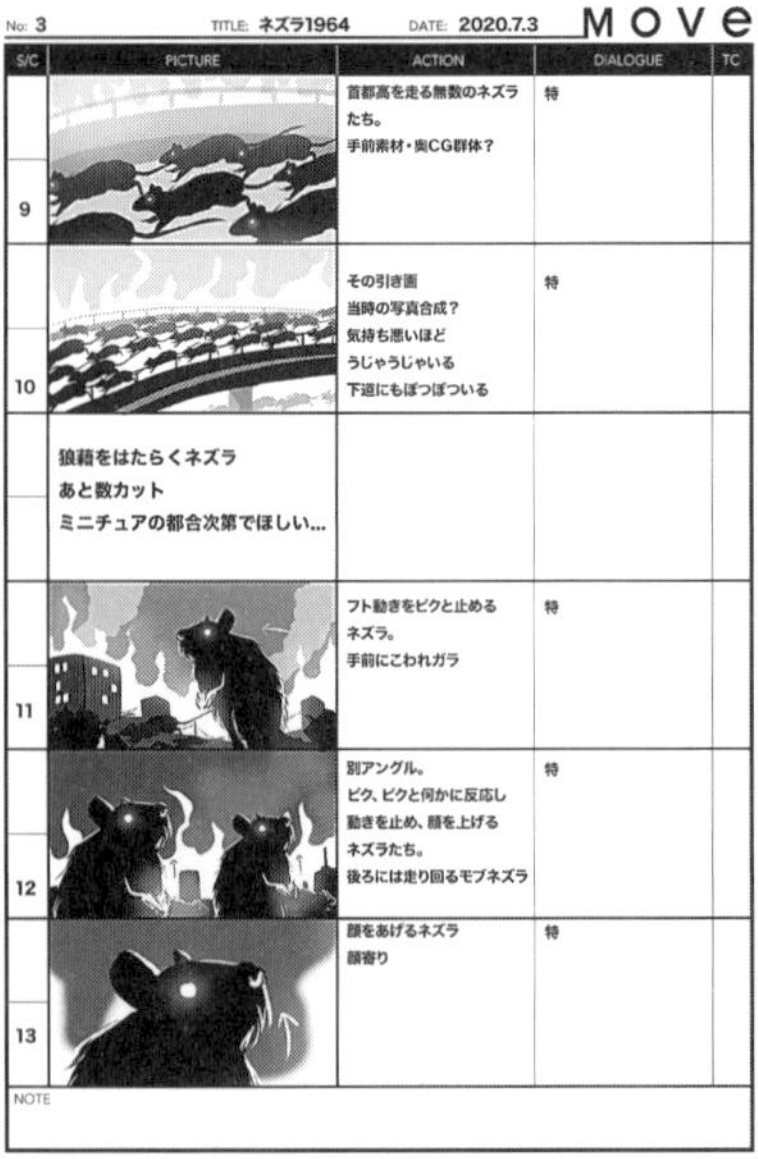

No: 3　TITLE: ネズラ1964　DATE: 2020.7.3　MOVE

S/C	PICTURE	ACTION	DIALOGUE	TC
9		首都高を走る無数のネズラたち。 手前素材・奥CG群体？	特	
10		その引き画 当時の写真合成？ 気持ち悪いほど うじゃうじゃいる 下道にもぽつぽついる	特	
	狼藉をはたらくネズラ あと数カット ミニチュアの都合次第でほしい…			
11		フト動きをピクと止める ネズラ。 手前にこわれガラ	特	
12		別アングル。 ピク、ピクと何かに反応し 動きを止め、顔を上げる ネズラたち。 後ろには走り回るモブネズラ	特	
13		顔をあげるネズラ 顔寄り	特	

NOTE

『ネズラ1964』より絵コンテとメイキング写真。昭和30年代に怪獣映画の新機軸を狙って制作されるも、未完成に終わった幻の作品『大群獣ネズラ』の舞台裏をドキュメンタリー風に描いた。監督との熱い思いにより高速道路を走るネズミが実現。絵コンテは特技監督の根津宙介、助監督の渡邉聡の両氏によって描かれたものった『ゴジラ』の映画をつくることでした。ところが、助手の2年目に『シン・ゴジラ』の制作にかかわったことで、早々に夢《ゆめ》が叶ってしまったんです。そこで、目標を失ってしまったというか……。大作特撮《とくさつ》の現場にいるのもよいけれど、僕《ぼく》たちの代でやれることってなんだろうと考えこむようになってしまいました。ウルトラマンにしても昭和につくられた既成《きせい》のコンテンツからのリメイクだから、若手が集まってつくれる環境《かんきょう》はできないだろうかと思ったのです。そこでいったん仕事に区切りをつけて、ミニシアター系の映画として『ネズラ1964』に参加したりしていました。そうするうちに、やっぱり「自分は映画が好きだ。映画をつくりたい」と思い、今度はまったくのフリーランスで特撮《とくさつ》美術の仕事をはじめ、美術の元請《もとう》けとして『タローマン』の仕事をするようになりました。

今は、1セクションの仕事を任されていますが、ゆくゆくは1本の映画の特撮《とくさつ》パートを全部自分でやってみたいですね。ミュージックビデオやアニメの背景のミニチュアを作るのもおもしろそうです。リアルよりおもしろさ、存在感、映像自体の個性をもっと出すような作品に、どんどんミニチュアを投入していけたらと思います。

どの現場も簡単なものはありません。物を生み出すということは、どの時代でも苦しみがあるのかもしれません。それを覚悟《かくご》のうえで特撮《とくさつ》美術を志す人がいたら、必要なのは、まず自分で作ってみる、そしてそれをほかの人に見てもらうという行動力かもしれません。

2章

特殊効果技術者の世界

特殊効果って何だろう?

映像をはじめ多くの作品のなかでさまざまな表現をつくりだす

映像のなかで織りなすマジック

特殊《とくしゅ》効果とは、実際にはありえない映像をつくりだす効果です。映画やドラマ、CM、PVといった映像作品でさまざまな特殊な表現を実現するための工夫、演出の数々が、特殊効果と呼ばれています。

私たちに身近な題材の映像は、カメラや照明といった一般《いっぱん》的《てき》な機材、そして俳優、あとは撮影《さつえい》をする環境《かんきょう》があれば、映像作品をつくることが可能です。でも、爆発《ばくはつ》を起こしたい場合は? 嵐《あらし》が吹《ふ》き荒《あ》れるシーン、果ては宇宙人がいる別の惑星《わくせい》を舞台《ぶたい》にして撮影《さつえい》がしたいとしたら? そういった一般《いっぱん》的な機材だけでは難しい表現や、現実的に行くのが難しい場所、描《えが》けない題材やキャラクターを表現したいという演出が必要なときは、特殊効果の出番となってくるのです。

現場で行われる特殊メイク、火薬類を使った爆発《ばくはつ》、ミニチュア撮影《さつえい》や、撮影後《さつえいご》に映像をCGで加工する——。あらゆる技法を用いて、現実にはありえないような映像表現がつくられ、私たちを楽しませてくれます。特殊効果にたずさわる人たちは、そういった非現実的な映像を現実の表現とするために常に考え、実現させています。特殊効果技術者たちは、映像の魔術師《まじゅつし》といってもよいでしょう。

特殊効果と視覚効果

この本ではひと括《くく》りに「特殊効果」と表記していますが、専門的には、特殊メイクや火薬類を使う作業など、現場で行われるものは「特殊効果」、CGなど、撮影《さつえい》した映像に後から加工することを「視覚効果」と呼びます。CGが登場する以前は、「光学合成」といって、複数のフィルムでさまざまな場面を撮影《さつえい》して、後からひとつのフィルムに焼きつけるといった手法が取られることもありました。

業界のなかでは別々の人たちがそれぞれの工程にたずさわるために、こうして呼び方が分けられており、現在では多くが、特殊効果が加わった映像に編集段階でCGを組み合わせていくことで、完成品の映像がつくりあげられています。

ちなみに特殊効果は、略して「特効《とっこう》」と呼ばれることもありますし、「ＳＦＸ」と表記されることもあります。

身近な題材で特殊効果が使われることも

非現実的な表現を映像化するだけが特殊効果ではありません。たとえば、台風のなかでのシーンを撮影《さつえい》したいと思ったとき、本物の台風を待っていては時間がいくらあっても足りませんし、規模やタイミングの予測が難しい自然現象のなかで撮影《さつえい》をするのは危険すぎます。そうした場合は大型の扇風機《せんぷうき》を使って、演出する人が意図した通りの量の風を起こし、あたかも暴風雨が吹《ふ》き荒《あ》れているような映像をつくりだすことがあります。

そこまでのスケール感が求められる映像や作品でなくても、雨を降らせたい場合は本物の雨のように水を放出する専用の機材を使って、雨が降っている映像を撮影《さつえい》したり、ＣＧで雨の降っていない映像に雨を足すといった場合もあり、一見派手な特殊効果が用いられていないように見える作品でも、現在では気付かぬさまざまなところに特殊効果が用いられています。

また、特殊メイクも傷のメイクから現実にはいない怪物《かいぶつ》の表現、そして、俳優が自分の年齢《ねんれい》以上の老人を演じる場合の老けメイクなど、あらゆる特殊効果が、見栄えのする場面からさりげない1カットまで随所《ずいしょ》で使い分けられ、そのシーンやカットにおける演出に貢献《こうけん》しています。

この本を読んで、もし特殊効果に興味をもったら、映像作品を見た後にどこに特殊効果が用いられているかを自分の頭で考え、ここに使われている技術はなんだろうと分析《ぶんせき》してみるのもよいでしょう。使っていることがわからないように特殊効果を緻密《ちみつ》に使っている作品もあれば、わかりやすく使いすぎて、安っぽくなってしまっている映像作品もあると思います。両方の作品にふれることで、もし自分がつくり手側に立った場合に、どの手段を取ればいいかがわかると、視野が広がることにもつながるでしょう。

作品によっては制作の過程をメイキング映像や雑誌の特集などといった書籍《しょせき》で紹介《しょうかい》しています。好きな作品のそういったメイキング映像を探してみるのも、理解を深めるきっかけになります。

映像以外での特殊効果

特殊効果が活躍《かつやく》するのは、映像の現場だけではありません。映像以外の分野においても、日々特殊効果は進化を続けています。

たとえば、舞台《ぶたい》のシナリオに沿った煙《けむり》や光、風、炎《ほのお》の演出。コンサート、格闘技《かくとうぎ》の大会といった、ライブ環境《かんきょう》で行われるイベントの演出も特殊効果によるものです。

記録された映像ではなく、現地で観客が直接見るものなので、実際に光のまぶしさや爆《ばく》発《はつ》の熱や衝撃《しょうげき》を感じることもあります。ときとして映像作品以上のインパクトを与《あた》える演出として観客を驚《おどろ》かせます。

舞《ぶ》台《たい》やショーでは、現場で実際に演出を行うので、映像のように後からCGを加えることはできません。そのため、映像ではCGによって置《お》き換《か》えられることもある爆《ばく》発《はつ》などの演出は、ある意味で映像以上にリアルな現場での活躍《かつやく》の場が広がっているともいえるでしょう。

また、プロジェクターを利用して、その舞《ぶ》台《たい》上の物体などに映像を投影《とうえい》する技術「プロジェクションマッピング」というものも存在します。たとえば、真っ白できれいな壁《かべ》があったとしても、そこにボロボロの壁《かべ》の映像を投影《とうえい》することで、観客にはその壁《かべ》をボロボロの壁《かべ》として認識させることができるのです。それらを従来の煙《けむり》やライトの特殊効果と組み合わせることで、より効果的な演出をし、観客の心を動かそうとする試みは、現在さまざまな舞《ぶ》台《たい》やショーで行われています。

特殊効果・視覚効果の歴史

映画の創世記に生まれ、ともに成長してきた

特殊効果が生まれた時代

映画における特殊効果は、映画というものが生まれた創世記、1800年代末から1900年代初めに生みだされました。映画制作者が見る人を「あっ！」と驚《おどろ》かせたいと思った瞬間《しゅんかん》から、特殊効果も産声を上げたのです。

当初から、ロケーションに行けない場所の絵を描《えが》いて背景とする「書き割り」などの手法は存在しました。そんななか、初期の映画における特殊効果を象徴《しょうちょう》する作品のひとつが、フランスのジョルジュ・メリエスが監督《かんとく》し、1902年に公開された『月世界旅行』です。トリック撮影《さつえい》を用いたさまざまな作品をつくり観客を驚《おどろ》かせてきたメリエスの代表作である『月世界旅行』は、人の顔をした月に砲弾《ほうだん》が突《つ》き刺《さ》さるというビジュアルが印象的です。

現在でもこのモチーフは引用されることがあり、目にしたことがある人もいるのではないでしょうか。

この作品では、巨大な大砲《たいほう》で月の探検旅行に出発した人びとが出合う不可思議なできごとが、爆発《ばくはつ》などの特殊効果を用いて描《えが》かれています。セットの中に人がいる映像を撮影《さつえい》してから、人がいない背景だけの映像を撮影《さつえい》し、編集で組み合わせることで人が消えたように見える手法など、現在でも使用される映像マジックの基本形の数々が、この時代にすでに誕生《たんじょう》しています。『月世界旅行』は見た人に大きな衝撃《しょうげき》を与《あた》え、SF映画だけでなく、映画文化全体の大きな礎《いしずえ》となりました。

進化し続ける特殊効果

映画の歴史とともに、特殊効果も日ごとに進化を遂《と》げていきました。音声がなく、話者やテロップでセリフやストーリーが語られていたサイレント映画の時代、1920年代のアメリカでは『ノートルダムの傴僂男《せむしおとこ》』、『オペラの怪人』といった作品で、みずからにメイクを施《ほどこ》して演じるロン・チェイニーという役者が活躍《かつやく》をしていました。まだ特殊メイクという言葉もない時代のことです。

架空《かくう》の生き物などを映像化するさいに、当初は実際の生き物を合成する手法や、爬虫類《はちゅうるい》などに飾《かざ》りつけをし怪物《かいぶつ》に見立てるなど、さまざまな試みが行われました。そんななかでも人びとの注目を集めたのが「ストップモーション」で、メリエスの時代とは比べものにならないほど本格的に用いられるようになっていきました。ストップモーションは、対象を少しずつ動かして撮影《さつえい》し、つなげることで人形が動いているように見える表現です。第二次世界大戦の前である1933年に制作された『キング・コング』や、戦後にストップモーションの大家として活躍《かつやく》したレイ・ハリーハウゼンが手がけた『シンバッド七回目の航海』といった作品などが代表的です。

一方、日本では

映画の歴史が進むなか、日本でも特殊効果はさまざまな作品に用いられてきました。そのなかでも、特に特殊効果が脚光《きゃっこう》を浴びた映画といえば、1954年に公開された本多猪四郎監督《ほんだいしろうかんとく》の『ゴジラ』でしょう。円谷英二《つぶらやえいじ》が特撮監督《とくさつかんとく》を務めたこの映画は、現在に至るまでシリーズ作品がつくられ続け、日本を代表するキャラクターのひとつとなっています。日本でもさまざまな映画に特殊効果が使われていますが、『ゴジラ』のような特殊効果を用いたシーンが大きな見どころとなっている作品は、特撮《とくさつ》映画と呼ばれ、今でも映画、テレビなど、さまざまなメディアで親しまれています。

アメリカ発のSFXブーム

技術の進歩のなかで、1977年に公開された『スター・ウォーズ』と『未知との遭《そう》遇《ぐう》』は大ヒットし、観客がこれまで見たことがないようなSF的世界観を映像化したことで、特殊効果を用いたSF映画のブームが起こりました。この2作では、カメラの動きを記《き》憶《おく》させ、くり返すことで、従来にない合成映像を撮《さつ》影《えい》可能にしたモーションコントロールカメラを筆頭に、新たな技術が生まれました。そのおかげで、今でも人びとの記《き》憶《おく》に残る多くの作品が世に送り出されていきました。現在に至るまで、スケールの大きな特殊効果・視覚効果を用いた作品は、映画やドラマなどで注目を集めています。

通常のメイクアップの域を超《こ》えた、役者を別の生き物に変貌《へんぼう》させるような特殊メイクも、1980年代にその姿を現し始めます。アメリカアカデミー賞の部門にも、1963年に視覚効果賞が、1981年からメイクアップ&ヘアスタイリング賞が設けられたことからも、特殊効果・視覚効果の地位が向上しつつあることがわかります。アカデミー賞は、その年の話題を集めた作品がノミネートされるため、受賞作品を遡《さかのぼ》って見てみることもおもしろいかもしれません。

CGの登場

1980年代から、コンピュータを用いて画像を生成する技術が登場しはじめます。新たな表現に貪欲《どんよく》な映像業界は、すぐにその技術を取り入れました。とはいえ、当初はシンプルな表現しか行えず、それでいて多額の機材費、人件費がかかってしまうため、従来の光学合成でCG風の映像を作成するといった演出もありました。しかし、しだいにコンピュータの処理能力が上がっていき、新たな画像処理ソフトウエアも登場し、1990年代初頭には大作映画にCGが用いられるようになります。その革新性が世の中で話題になると、世界中の映画やドラマでCGが用いられるようになり、徐々《じょじょ》にCGは大作映画だけの

ものではなくなっていきます。また、フルCGのアニメーション作品も登場しました。続く2000年代には、ありとあらゆる映画にCGが用いられるようになり、グリーンバックで撮影《さつえい》したあと、背景のすべてをCGで描画《びょうが》することで、実物のセットを作らなくても、SFやファンタジーの世界観を表現した映像作品が世に出るようになりました。技術の向上とともに普及《ふきゅう》も進み、現在ではCGをまったく使用していない作品はないといえるような時代になっています。

進化していく特殊効果・視覚効果

現在でも、特殊効果や視覚効果は絶えず進化を続けています。近年登場した「インカメラVFX」という撮影《さつえい》技術もその一例でしょう。背景として設置したLEDのスクリーンにCG映像を映し出し、カメラが動くとそれに同期して背景に映ったCG映像も動き、違和感《いわかん》なく俳優と背景のCG映像がリンクします。とはいえ、それも突然《とつぜん》出現したわけではなく、書き割りから背景に映像を投影《とうえい》するスクリーンプロセスへ移行し、グリーンバックにCG映像を合成する……といった技術の進化や歴史があって実現したものです。

すべての場面においてCGしか使わないかといえば、そうではありません。たとえば爆《ばく》発《はっ》シーンも、屋内では火薬類を使えないこともあるため、CGを用いることが多いです。しかし、屋外で火を使うことが可能であれば、より視覚的な迫力《はくりょく》のある実際の火薬類を使った演出をします。特殊メイクの世界では、全体を造形し、細部のディテールにCGを用いて表現するといったこともします。どこに視覚効果であるCGを用いて、どこに特殊効果を用いるかは予算や撮影《さつえい》の規模、または演出する人の取捨選択《せんたく》によって千差万別です。

また、特殊効果は専門性の高い知識や技術を求められますが、CGに関しては、機材の性能向上などにともない、個人で制作するハードルが低くなっています。AIによる生成技術の向上により、ある程度までのクオリティーのCG合成などは自動で行うことができる時代がすぐそこまで来ているかもしれません。とはいえ、AIのオリジナリティーある表現も、元はといえば人間が生み出したもの。自動生成されたものに負けないくらいのオリジナリティーある表現のために、プロの人たちも日夜奮闘《ふんとう》しています。これから特殊効果・視覚効果にまつわる業界をめざす人は、感性をみがき、自分ならではの作品をつくれるように考えていく必要があるでしょう。

舞台上《ぶたいじょう》で使われる特殊効果

舞台上《ぶたいじょう》でも演出のために特殊効果が使われることは多く、たとえば光や煙《けむり》を使うのはもちろん、雪を降らすなど、天候の変化を表現するのも特殊効果といえるでしょう。日本の歌舞伎《かぶき》でも、俳優がワイヤに吊《つ》り上《あ》げられて演技をする「宙乗り」や、一人の役者が一瞬《いっしゅん》にしてほかの役柄《やくがら》に変わる「早替《はやが》わり」など、舞台《ぶたい》や衣装《いしょう》に仕掛《しか》けをして特殊効果を狙《ねら》った演出があります。

舞台《ぶたい》演出も映画と同様、時代とともに進化しており、映像を投影《とうえい》するプロジェクションマッピングは、舞台《ぶたい》演出の可能性を大きく広げました。

さまざまな知恵《ちえ》と工夫が集まって、新たな演出に挑《いど》み続《つづ》けているのはスクリーンだけではありません。ステージの上もまた同じなのです。

映像に特殊効果・視覚効果をつけるまで

特殊効果が完成するまでの流れを見てみよう

たくさんの工程で完成へ

私たちが目にする特殊効果や視覚効果が用いられた映像作品は、完成までにたくさんの工程を経て、多くの人やお金、時間をかけて、私たちの元に届けられています。

ここでは、特殊効果が用いられた作品が完成するまでの流れを紹介《しょうかい》したいと思います。

1 企画《きかく》

映像をつくる最初の段階として、制作会社などが作品の大枠《おおわく》を決める企画《きかく》をつくります。作品の予算やおおまかなストーリー、狙《ねら》いとなる視聴《しちょう》者など、ターゲットを絞《しぼ》っていくなかで、その作品に特殊効果や視覚効果が必要とされているのか、また、使うとしたら、どの程度の規模の特殊効果や視覚効果を使う作品にするかなどが決められていきます。規模によっては、視覚効果の専門家であるＶＦＸスーパーバイザーがこの段階から参加し、どのくらいのＣＧが必要となるか、意見を出すこともあります。

２　脚本《きゃくほん》、打ち合わせなど

企画《きかく》が決まったら、つぎに脚本《きゃくほん》やロケーションなどを決めていきます。脚本《きゃくほん》を書いていくことで、企画《きかく》段階では大枠《おおわく》のみだったストーリーが、詳細《しょうさい》に決まっていきます。そうすることで、たとえばストーリー上、車が爆発《ばくはつ》するシーンを入れるとしたら、そのシーンを実際の火薬類や車を使って撮影《さつえい》するのか、またはＣＧで処理するのかなどを、撮影《さつえい》前に考えるのです。商業作品は予算の枠内《わくない》に収まるようにすべての撮影《さつえい》を終わらせ、作品を完成させる必要があるため、際限なく派手な特殊効果を用いるシーンを入れることはできません。そこで、ＶＦＸスーパーバイザーなども加わって、「このシーンにＣＧ処理を加えるなら、これだけの予算がかかる」「予算をかけられない場合、こういった演出にするのはどうか」といった提案をしていくのです。連続もののテレビ番組の場合は、１話あたりにＣＧを用いるカット数が基準として定められている場合もあります。ロケーションに関しては、脚本《きゃくほん》を書いているときに、そこに最適な場所を決めるロケーションハンティングを行うこともあります。一方で、さまざまな街のランドマークを使うことを前提として脚本《きゃくほん》が書かれることもあり、その順序は作品の性質によってさまざまでしょう。企画《きかく》段階からすでにスタッフのメンバー構成が決まっていることもありますが、脚本《きゃくほん》が決まった後、さまざまなスタッフに仕事のオファーをかけることが多いようです。また、撮影《さつえい》をするひな形となる絵コンテが描《えが》かれるのもこの段階です。

こうして企画《きかく》や脚本《きゃくほん》、キャスト・スタッフの決定など、撮影《さつえい》に入るまでの工程すべてを指して、「プリプロダクション」と呼びます。

3 撮影《さつえい》

たとえばけがをするシーンで傷の特殊メイクが求められている場合、傷を負っているシーンの撮影《さつえい》日に特殊メイクアップアーティストが呼ばれます。特殊効果のシーンが多ければ多いほど、特殊効果を担当する人も、現場に参加する日数が増えていくのが、常に現場にいる撮影《さつえい》や照明といった仕事との違《ちが》いかもしれません。

特殊効果技術者は、特殊効果・視覚効果を多く使った映画であれば、それだけ仕事量は増えていきます。大作ではない場合、スケジュールを調整し、同時期にいろいろな作品を並行《へいこう》して手がける場合がほとんどでしょう。特殊メイクアップアーティストや、特撮《とくさつ》美術、パイロテクニシャンなど、特殊効果の仕事をする人が稼働《かどう》するのはこの撮影《さつえい》の現場になります。この撮影《さつえい》など実際の制作工程のことを「プロダクション」と呼びます。

4 編集・視覚効果をつける

全部の撮影終了後《さつえいしゅうりょうご》、もしくは途中《とちゅう》から編集作業が始まります。撮影《さつえい》が終わった映像素材に監督《かんとく》や演出家の要望をもとに視覚効果をつけていくのが、CGを担当する人たちです。CGを使用するカットが多ければ多いほど、長ければ長いほど、クオリティーを高めるために必要な期間や人数、予算が上がっていきます。また、CGを使用するカットが少なくても、とても高度な合成などが求められる場合は、短い時間ですむわけではありません。CGは監督《かんとく》などとのやりとりを重ねてどんどんクオリティーを上げていくため、時間が取れれば取れるほどよく、また、的確にたがいのイメージを伝えられるコミュニケーションが取れることが、クオリティー向上へとつながります。演出家がうまくイメージを伝えられなかった場合、もしくはCGをつくる人がうまくイメージを受け止められなかった場合、たがいのイメージをすり合わせる時間が余計にかかってしまうので、この工程をスムーズにこなしていくためには、それなりのコミュニケーション能力が求められます。

現場で撮影《さつえい》された映像に対し、2DCG、3DCG制作など各部署の仕事を担当する人が作成した素材を、編集ソフトを使って組み合わせる「コンポジット」作業を経て、ひとつの映像に合成されていきます。この過程で、せりふのほか音楽や効果音なども入れていきます。

図表 映像に特殊効果・視覚効果をつけるまでの流れ

プリプロダクション

1 企画

どんな作品をつくりたいか、大枠を決める。

↓

2 脚本・打ち合わせ

決まった企画を元にストーリーを脚本に起こす。
脚本のなかで、どの部分に特殊効果・視覚効果を使うか、監督・脚本家・VFXスーパーバイザーなどで打ち合わせをする。絵コンテやシミュレーション映像をつくる。

↓

プロダクション

3 撮影

特殊メイクアップや爆発、ミニチュアを用いたシーンなど、特殊効果にまつわる映像を撮影する。

↓

ポストプロダクション

4 編集・視覚効果をつける

2DCG・3DCGの制作を担当する人がつくった素材を、撮影された映像に合成する。

↓

5 完成！

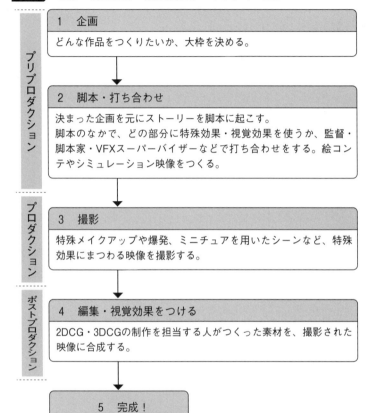

現場で制作された撮影素材《さつえい》の加工、編集、仕上げまでの過程は、まとめて「ポストプロダクション」と呼ばれます。

5 完成

これらの過程を経て編集が終わると、作品が世に送りだされていきます。特殊効果・視覚効果が入った作品を、私たちは映画館や配信サイト、テレビなど、さまざまな媒体《ばいたい》で目にしています。

ソフト化にあたってシーンを修正することも

すべての映像作品がそうというわけではありませんが、ヒットした作品の場合、映画館での上映が終わったあと、CGを使用したカットなどのクオリティーをさらに高め、ブルーレイや配信されるバージョンでのカットを差《さ》しかえることがあります。また、『スター・ウォーズ』などの作品では、当時の技術では行えなかったことを、技術が進歩した後年、上映や配信するさいに、制作者のより意図した映像に近いものにアップデートするケースがあります。当時はミニチュアで撮影《さつえい》していたカットをCGに置《お》きかえるといったことが行われており、オリジナルの映像を知っている人などから賛否の声があがることもありますが、これは映像の差《さ》しかえの代表的な例のひとつといえるでしょう。

特殊効果・視覚効果を必要とする分野

さまざまな分野での応用が期待される特殊効果の可能性

新たな表現を生む特殊効果

今やエンターテインメントをはじめとするさまざまな分野で新たな表現が求められており、特殊効果やＣＧなどの視覚効果を使用することは、あたりまえの手段となっています。では、主にどのような分野に特殊効果が用いられているのでしょうか。

映画

非現実的な映像を実現化するのに、特殊効果やＣＧなどの視覚効果は必要不可欠です。現実にはなかなか見ることができないシチュエーションや存在感を具現化するために、爆《ばく》破《は》特効や特殊メイクが今日も求められているのです。また、ドキュメント、ミニドキュメントでも語られているように、特殊効果やＣＧは、予算規模の大きな大作映画だけで用いられているわけではありません。傷や時代劇のかつら、若い俳優を老人に見せるシーンなどでは特殊メイクアップアーティストが活躍《かつやく》をしますし、雨の日の映像にさらに雨を足したり、昼間のシーンを夜に見えるように加工するなど、多くの場面で必要とされています。

舞《ぶ》台《たい》演出

舞《ぶ》台《たい》の歴史は映画よりも古く、メイクはもちろん、天候や桜吹雪《さくらふぶき》などを表現するための特殊効果は昔《むかし》から使われてきました。さらに昨今ではプロジェクションマッピングを取り入れた演出も増え、ＣＧも舞《ぶ》台《たい》で需要がある時代となっています。また、爆発《ばくはつ》やスモークなどの特殊効果は、派手さやきらびやかさが求められるコンサートや格闘《かくとう》技大会のパフォーマンスなどで使用されることが多く、映画で使われているような特殊効果は、ここにも活躍《かつやく》の場があります。

ドラマ

テレビドラマでも、映画と同様に特殊効果やＣＧなどの視覚効果が求められるシーンは多いです。週に１話放映する連続ドラマの場合は、予算やスケジュールの都合上、大作映画ほどの華々《はなばな》しい映像は難しいですが、それでも、工夫を凝《こ》らし、予算をかけられない現場ならではのアイディアを駆使《くし》した映像を実現していることもあります。

映画にもいえることなのですが、その一方で近年数を増やしている各種配信サービスのオリジナル作品では、テレビドラマ以上の予算を投入し、特殊効果やCGなどの視覚効果に力を入れた映像になっている、というケースもあります。

CMやMV

企業《きぎょう》の宣伝用として、テレビや動画サイトで流れる広告映像、または、ミュージシャンのミュージックビデオなどにも、特殊効果やCGなどの視覚効果が多く用いられています。特徴《とくちょう》として、数分間の短編映像であることがあげられます。2時間の映画と比べてスケジュール管理やクオリティーの配分など融通《ゆうづう》が利きやすく、自由度が高いのです。そのため、大企業《だいきぎょう》による多額の予算がかけられたCMや人気ミュージシャンのMVなどは、ときに映画顔負けの特殊効果やCGを用いた映像にチャレンジしています。

展示映像

博物館などの展示には、以前から建物のミニチュアや、その時代を表す環境《かんきょう》などの造形物が多用されています。

たとえば、江戸時代の街並《まちな》みをジオラマで表現することもありますし、石器時代の生活の一場面が造形されていることもあります。当時の生活や情景をより理解してもらうには、視覚的な効果を使うことが適しています。

また、巨大なティラノサウルスなどの展示では、骨格だけでなく、実物大の作品が展示されることもあります。

最近では、目に見えない概念的《がいねんてき》なものや、歴史的なもの、街などの表現にCGが使われることも多くなりました。たとえば恐竜《きょうりゅう》の化石を展示する博物館の場合、すでに滅びた恐竜たちの生きていた姿を実際に見せることは不可能です。そんなときに選択肢《せんたくし》としてあがるのが、映画のようにCGで恐竜《きょうりゅう》を蘇《よみがえ》らせ、

化石とともに生きていた時代をイメージさせることです。そのほか、多くの分野で、イメージを目に見えるかたちで表現できるCGが展示映像に取り入れられています。

さらに、プロジェクションマッピングや、スマートフォンを壁《かべ》や展示にかざすことで画《が》面越《めんご》しにAR（オーグメンテッド・リアリティー）の演出を表示させるものや、ヘッドマウントディスプレイ越《ご》しに展示を見ることでさまざまな演出を体感できるMR（ミクスド・リアリティー）など、最新技術を取り入れた展示も出てきています。

街頭広告

街頭にあるモニターには、テレビやインターネットサイトに流れているCMと同じ映像が流れることもありますが、街頭という環境《かんきょう》ならではの専用の映像が制作される場合もあります。

代表的な例として、JR新宿《しんじゅく》駅の東口駅前広場にあるビルには、一般的《いっぱんてき》な平面型のモニターではなく、L字型に湾曲《わんきょく》した形状の大型の街頭モニターが設置されています。

L字型の面は、映し出された映像が、見る人に目の錯覚《さっかく》を起こしやすい形状で、4Kという高解像度も相まって、まるで画面から映像が飛び出しているように見える表現が可能です。マスコットキャラクターの猫《ねこ》がそこにいるかのようにくつろいでいる映像を、実際

に、もしくはニュースなどで見た人も多いのではないでしょうか。

このように、映画や舞台《ぶたい》だけでなく、より私たちの日常に近い場所でも、特殊効果や視覚効果を取り入れた映像を目にすることができるようになってきました。今後もコンピュータなどの科学技術の進歩と、それを使う人びとのアイディアで、特殊効果や視覚効果を使う分野はますます広がっていくのではないでしょうか。

デジタルとアナログの融合

両方の技術を駆使することで観客を驚かす映像が生まれる

よりリアルな映像の追求

映画の創成期から、映像制作者は、現実ではありえない風景や空想の生き物たちをよりリアルに表現しようと、試行錯誤《さくご》をくり返しながら技術を考案していきました。1980年代からのコンピュータの性能の著しい進化は、映画業界に革命を起こし、大きな転換点《てんかんてん》となりました。人びとは、新しいコンピュータ技術を取り入れるだけでなく、特殊造形や特殊メイクなどのアナログの技術とうまく融合《ゆうごう》させ、非日常の世界をつくりだしています。

・クロマキー合成

映像の一部から特定の色の成分を分離《ぶんり》し、そこに別の映像をコンピュータで合成する技術のことです。身近なところでは、テレビの天気予報。実は、気象予報士はグリーンバックの前で撮影《さつえい》していて、背景に天気図などの映像を挿入《そうにゅう》しています。ドラマや映画で車を運転するシーンも、アップのときはこの手法が使われていることが多いでしょう。

なぜ、バックに別の映像を合成するとき、グリーンバックを使うのでしょうか。それは、グリーンが人間の肌《はだ》の色ともっとも被《かぶ》りにくい色だからといわれています。血色のいいきれいな肌《はだ》色を大事にしたいときは、バックの色を使わないときもあります。

最近では、コンピュータの性能の向上、すぐれたソフトウエアの登場、そして、技術者のアイディアで、クロマキーは映像のなかのさまざまな場面で使われるようになりました。

ゾンビ映画を見たことがなくても、「ゾンビ」という存在は知っている人が多いかと思

います。映像のなかには、下半身がなくなってしまったのに、上半身だけで動いているゾンビもいます。そんなとき、ゾンビ役の俳優は上半身に特殊メイクアップを施《ほどこ》し、下半身には緑のタイツを履《は》いて演じます。この緑のタイツが、グリーンバックと同じ役目をします。グリーンの部分に背景を合成し、断面をCGで違和《いわ》感のないように処理すれば、映像上は上半身だけで不気味にうごめいているゾンビができあがります。そうやって、現実にはありえない人や動物などをよりリアルに描《えが》くときにも、クロマキーの技術が使われています。

・アニマトロニクス

アニマトロニクスは、「アニメーション（動作）」と「エレクトロニクス（電子工学）」を組み合わせた造語です。

ドラゴンやペガサス、恐竜《きょうりゅう》、宇宙人など、想像上の生き物や、演技をさせるのが難しかったり危険だったりする動物などは、昔《むかし》からリアルな人形を手袋《てぶくろ》人形のようにしたり、パペットのように動かしたりして撮影《さつえい》することがありました。それが、1940年代ごろには、中に歯車などの機械を入れて、目や口まで動き、リアルな表情をつくれる技術が現れました。でも、このころのものは、何人もの人が口や眉毛《まゆげ》、鼻などの後ろから伸《の》びたワイヤを操作して、手で動かしていました。しかし、現在は、人形の中に電子装置《そうち》を入れて、コントローラーやコンピュータの操作で、正確に動かせるようになってきたのです。この技術を、アニマトロニクスといいます。アメリカの『ジュラシック・パーク』という恐竜《きょうりゅう》がたくさん出てくる映画がありますが、そのなかの何体かの恐竜《きょうりゅう》は、このアニマトロニクスで動かしています。

・インカメラVFX

背景として設置したLEDのスクリーンにCG映像を映し出し、カメラが動くとそれに同期して背景に映ったCG映像も動き、違和《いわ》感なく俳優と背景のCG映像がリンクします。実際のセットは手前の俳優が演じるところだけで、背景はインカメラVFXにすると、グリーンバックの前で演じるより俳優も臨場感をもって演技をすることができます。また、

グリーンバックを使って撮影《さつえい》すると、後から背景を合成する必要がありますが、インカメラVFXを使った撮影《さつえい》では、1回でほぼ完成した映像をつくることができます。

さまざまな工夫

最近では、CGだけを使った映画やドラマも数多く出てきました。しかし、作品によっては、実際の爆破《ばくは》の迫力《はくりょく》や、それによる俳優のリアクションなどを欲する映像もたくさんあります。そのために、アナログとデジタルを融合《ゆうごう》させるさまざまな手法が考え出されています。ここでは、そのうちの二つをご紹介《しょうかい》しましょう。

・プリビズ

プリビズとはPre Visualizationの略語です。プレビズといわれることもあります。VFXでCG映像と実際に撮影《さつえい》した映像を制作する前に、完成した映像をイメージできるようにしたCGのシミュレーション映像です。

プリビズをつくるにも労力や時間がかかりますが、それでもプリビズをつくるのはどうしてでしょうか。映像を撮《と》るときには絵コンテが作成されますが、絵コンテだけだとどうしても見た人によって解釈の違《ちが》いや読《よ》みこみの深さが違《ちが》います。しかし、プリビズを作成することで、監督《かんとく》や脚本家《きゃくほんか》がその映像にもっているイメージを、俳優も含《ふく》む制作スタッフ全員で共有することができるのです。また、絵コンテよりシーン一つひとつのイメージを煮詰《につ》めることができるので、どの部分をアナログにして、どの部分をＣＧにしようかなど、撮影《さつえい》の見通しもつけやすくなります。合成を用いる撮影《さつえい》では、作品によって俳優はずっとグリーンバックの前で過ごすこともあるため、よりよい演技のためにイメージの共有が役立つということもあります。プリビズをつくることが、最終的にはコストや時間の節約、クオリティーの向上につながるのです。

・リファレンス

リファレンスとは、ＣＧをつくるときの参考に使う映像のことです。たとえば、３ＤＣＧで怪獣《かいじゅう》を作るとき、ＣＧ上で怪獣《かいじゅう》を描《えが》いたとしても、影《かげ》の入れ方が不自然だと、観客は違和感《いわかん》を覚えます。そこで、先に精巧《せいこう》な怪獣《かいじゅう》の模型を作り、実際に外で動画を撮影《さつえい》しておきます。ＣＧで怪獣を描《えが》き、その上に陰影《いんえい》をつけるときは、その動画を参考にしながら、ＣＧに影《かげ》をつけていきます。そうすると、よりリアルな怪獣《かいじゅう》の３ＤＣＧができあがります。

アナログをデジタルで加工

コンピュータの性能や技術力の向上で、映像づくりの選択肢《せんたくし》は格段に広がってきました。特殊メイクでモンスターの顔を表現するとき、マスクを作成し、その上にさまざまな特殊なメイクを施《ほどこ》すというのは、今やよく使われる手法になってきました。しかし、宇宙人などを表現するとき、たとえば人間の顔より極端《きょくたん》に頬《ほほ》が凹《へこ》んでいたりすることがあるかもしれません。そういうとき、その凹《へこ》んだ部分はCGで描《えが》いたものを組み合わせ、人間とはかけ離《はな》れた見た目にすることもあります。着ぐるみなども、実際に撮影《さつえい》で使うものに、CGで体毛が多く見えるように手を加える場合があります。また、着ぐるみは、装着《そうちゃく》するさいのファスナーがあったり、動いたときに不自然なしわができたりすることもありますが、そういったファスナーやしわを、CGを使って消し、自然な見た目にしていきます。

また、造形物を作るとき、3Dモデルを元に自動で立体物を造形する3Dプリンターが用いられ、それをさらに加工して完成品を作成するケースも多くなってきました。

アナログとデジタルの技術を駆使《くし》することで、よりリアルで観客を驚《おどろ》かせる映像が生まれてきました。新しい技術をどうやって使っていくかは、映像制作者の創造力にかかっています。

ミニドキュメント 1 2DCG制作者

きれいな空や涙をつくりだす仕事

筆者撮影

ナイス・デー
坪倉愛美《つぼくらまなみ》さん

写実的な表現が好きで、映像の世界に

私は最初から映画の視覚効果（VFX）に興味・関心があったわけではなく、もともとはゲームのほうが好きな子どもだったんです。高校生になって進路を考えるときも、将来はゲームをつくる仕事に就きたいと思い、卒業後はゲーム業界をめざして3DCGの専門学校に行くことに決めました。ただ、在学中に作品づくりをするなかで、フォトリアル——写実的な表現の作品をつくることに楽しさを感じるようになっていきました。その当時は今ほどゲームで写実的な表現ができない時代だったのもあって、将来の仕事を選ぶときは、こうした写実的な作品をつくることができる場所、つまり今いる映像業界をめざすように

なっていきました。

そうして、就職のさいは映画やCMにかかわっている映像制作会社を選びました。働き始めてから、映画の仕事って「楽しいな、もっとやってみたいな」と思ったことが、2社目であり、今、所属しているナイス・デーに入社したきっかけです。卒業後から現在まで、15年以上、CG制作者として仕事をしています。

2DCGの仕事って?

主に2DCGによる合成を担当するのが、私の仕事です。背景と人物、それぞれ別に撮《と》った映像素材を重ね合わせて、違和感《いわかん》なくひとつの映像として成立するようにしたり、雨が降って地面が濡《ぬ》れてしまった状態の映像をパソコン上で処理して、晴れの場面にするといった合成作業が主な内容です。監督《かんとく》によっては、雲の形などにこだわりがある人もいるので、描《えが》いた雲の絵を違和《いわ》感なく映像のなかの空に入《い》れこんで、きれいな雲が浮《う》かぶ空にするといった作業もあります。ほかにも、カメラの前をバランスよく桜《さくら》の花びらが落ちるシーンや人物が涙《なみだ》を流すシーンなどでは、桜《さくら》の花びらや涙《なみだ》を描《えが》いて合成します。

合成といっても、撮影《さつえい》された映像の上にただ素材を足していけば違和《いわ》感のない映像になるわけではありません。細かいところまでこだわって違和《いわ》感を消していくことがよいカットもあれば、細かいところに時間をかけすぎず、大胆に処理したほうが映像としてよく見えることもあります。そこは、経験やスキルが求められる部分ですね。

3DCGは、プラモデルを作るような感覚

で３Ｄモデルをつくり、動かし、実際の映像に落《お》としこんでいく作業なのですが、２ＤＣＧの場合は、絵を描《えが》く感覚に近いと思えば、わかりやすいかもしれません。

ただ、完全に３ＤＣＧと２ＤＣＧの作業が独立しているわけではなく、３Ｄモデルを映像に合成するさいは一度、２Ｄのディレクターが見ます。たとえばモニターを３ＤＣＧでつくったとしても、そこに映る映像などは２ＤＣＧ制作者が担当したりと、ほかの部署とかかわることも多いです。

私は現在、２ＤＣＧディレクターを担っています。仕事としては、まずＶＦＸを統括《とうかつ》するスーパーバイザー、プロデューサーの人とのコミュニケーションを通して、素材を整理し、２ＤＣＧを担当する人たちに割り振《ふ》っていきます。さらには、担当する作品のなかでも特に重要なものを、キービジュアルとしていくつか作業するといった形ですね。

ナイス・デーには映像作品のＶＦＸを担当するチーム、ＣＭにかかわるチーム、イベントやＶＲの映像をつくるチームというように、大きく三つのチームがあります。各部署がそれぞれの仕事のために働いているので、社内よりも社外のチームといっしょに仕事をすることが多いです。たとえば３ＤＣＧをつくる会社からキャラクターなどのモデルをもらって、それに２ＤＣＧを合成したりとか。社内で３ＤＣＧを手がけることもあるのですが、必要なカットが多い作品だと、自社だけではやりきれませんので。

相手の感性に合った映像をつくる

ふだんの仕事の流れとしては、現場で撮影《さつえい》

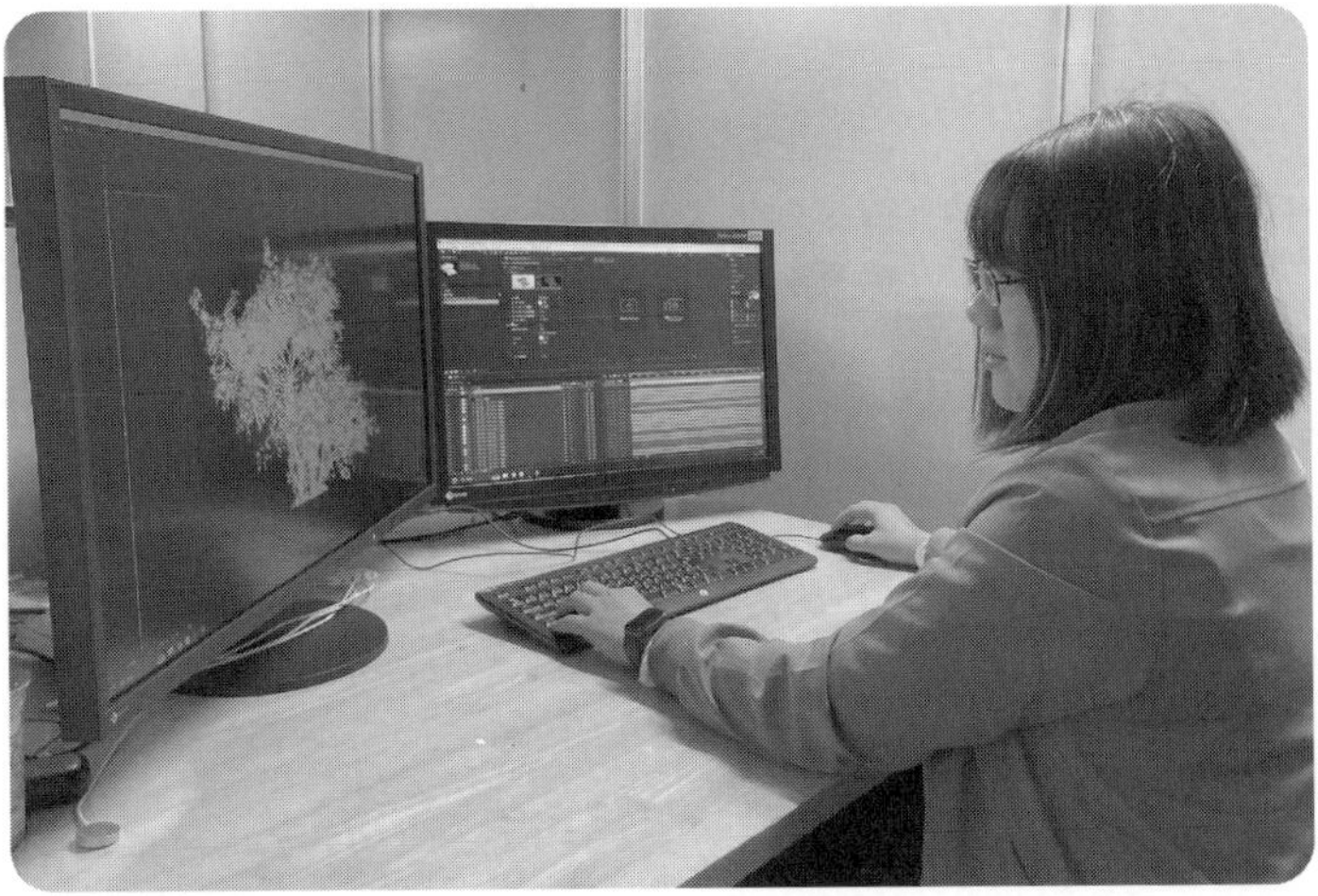

2DCGで画像を作成

された素材を受け取って、その素材を元に指定された作業を行っていきます。「何時までにこれを終わらせる」としっかり決まっているわけではなく、たとえば人物を切《き》り抜《ぬ》いて別の映像に重ねる日なら、それをひたすら試行錯誤《さくご》します。こうすればもっと馴染《なじ》んでくれるかなと、一日かけて試行錯誤《さくご》していく感じですね。

　私には今、子どもがいて、まだ小さいので時短勤務で働いていますが、時短勤務を利用していない人も、ふつうの会社員と同じような退勤時間には帰っています。ＣＧ制作の現場が変わってきたなと感じる部分です。私が20代のころは朝まで作業をして帰る、といった日もよくありましたし、もっと作業量の多いたいへんな作品のときは何日か会社に寝《ね》泊《と》まりすることもありました。最近は業界全体としても変えていかなければならないという意識があって、私の勤めている会社も、週に1回は必ず休むと決めるところから始まって、そこから徐々《じょじょ》に改善されていき、週休2日になり、今のように整ってきました。ほかのCG制作の現場にくわしいわけではありませんが、収入面でも、一般《いっぱん》企業《きぎょう》とそれほど差はないと思います。

会社でずっと仕事だけをしていると、やはり身も心も疲弊《ひへい》していってしまうので、ちゃんと休日を設けて、仕事以外のことを考えたり取り組んだりといった時間は必要だと感じています。

仕事の大変なところは、監督《かんとく》によって正解が違《ちが》うことでしょうか。たとえば、ゴルフボールがホールに落ちるカットひとつとっても、きれいにあっさり落ちるのが好きな監督《かんとく》や、ちょっとクスッと来る間があったほうが好きな監督《かんとく》など、それぞれの感性によってOKが出るカット、出ないカットがあります。提出する相手に応じて、「この人はこっちのほうが好きだろうな」というものをしっかりとつかんで、微妙《びみょう》なニュアンスを出していかないといけないのです。そこは難しくもあり、や

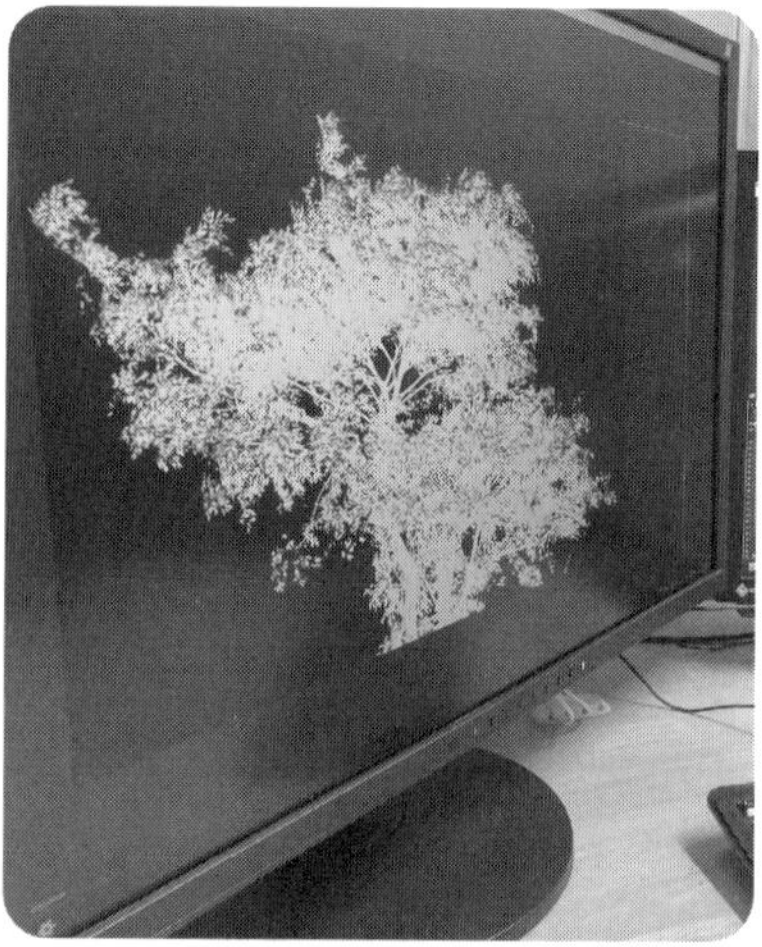
できあがった画像を細部まで確認

りがいがある部分です。逆に、そこの微妙《びみょう》なニュアンスをつかむまでは、出しても出しても修正が返ってくるので大変ですね。CGといっても決してあっさりできるものではありません。むしろ、ほかの分野と同様に、簡単に終わらせられないものなんです。今お話したこだわりの違《ちが》いもあるし、撮影環境《さつえいかんきょう》もそれぞれがぜんぜん違《ちが》う。似たものはあっても、まったく同じ感覚で作業できるカットというのはありません。

でも、カットを提出する監督《かんとく》によって毎回別のアプローチを求められるというのは新鮮《しんせん》であり、楽しい部分でもあります。昔《むかし》からコツコツ、黙々《もくもく》と何かをやるのが好きなタイプだったので、それが形になったときはうれしいですし、その気持ちが今の仕事につながっているのだと思います。

コツコツと作業を楽しめる人に向いている

CG制作者になるには、まず組織に身を置いてみることから始めるとよいでしょう。仕事の流れを知ることもできますし、いろいろな作品も経験できます。コミュニケーションはもちろんですが、引き出しを多くもったほうがいいと、働き出してから思いました。監督《かんとく》によっても好みはありますし、ほかの作品をたとえに出して「○○っぽく」と言われたときに、「ああ、あの作品ね」と、すぐに理解できれば、仕事もスムーズに進みます。

フリーランスでやれる人はセルフプロデュースがしっかりとできる方です。きっちり、何時から何時までは作業するなどと、自分で決められないと、ズルズルと時間が過ぎてしまいます。さらに、きちんと依頼《いらい》する側の心に残るスキルや、コミュニケーション能力がないと難しいですね。

一方で会社にいるメリットとしては、しっかりと機材やCG作成用のソフトがそろっている点があります。フリーランスの場合、高額な機材やソフトを個人でもつ必要があり、経済的にもかなり大変です。

中高生のみなさんだと、今まで絵やコンピュータを専門的に学んでいないけれど、だいじょうぶかな？と不安になる人がいるかもしれません。でも、そこは心配ないですよ。学校は入り口ですし、実際、社会に出た後のほうが勉強になることが多いものです。とにかくやってみることが大事で、この分野を深く追求するためのスキルなどは働いてからでも身につくと思います。

専門学校では、確かに基礎《きそ》的な部分を教えてくれます。でも、私はMayaという3Dソフトで授業を受けていたものの、1社目は別のCGソフトを使っていました。概念《がいねん》は共通でもソフトは違《ちが》うので、それをまた学ぶ必要が出てきたんですね。そして、2社目である今の会社では、また別の3Dソフトを使っています。こんな具合で、働き始めた後も常に勉強し続ける必要があります。

あとはコミュニケーション能力。コツコツ作るのが好きだとしても、人からのアドバイスを受け入れられないタイプの人だと、ちょっと困ってしまうかもしれません。そして、基本的に地味な作業の連続ということは意識しておくべきでしょう。専門学校の先生と話す機会があったときに、いまだにCG制作で大金持ちになれると思って入学してくる生徒がいると聞きました。現実的に、そうなれる人はひと握《にぎ》りくらい。自分もそうなれる、華々《はなばな》しい職業だと想像して入学してくる人はつまずきやすいと聞きました。

引き出しを多くもち、目を養う

これからこの業界をめざす人に言えることがあるとすれば、いろいろな作品にふれ続けて、目を養っておくことが大事だということ

著者撮影

です。映画に限らず、絵画みたいなものでもいいでしょう。美術館などに行くのも、刺激になると思います。そういうところにある絵画は基本的なよさが詰《つ》まっているので。それぞれの人によるセンスもあるのですが、そういったものを頭に蓄《たくわ》えておくと、ちょっとした発想の転換《てんかん》で、仕事に役立つと思います。

かくいう私は、現在小さな子どもがいるので、なかなか仕事以外で作品を鑑賞《かんしょう》する時間が取れないのですが、公園の緑が広がる景色《けしき》や、子どもの目からぽろっと落ちる涙《なみだ》など、子育ての時期だからこそふれる景色《けしき》もあり、勉強になっています。

そういった経験などを取りこみつつ、今後もコツコツと仕事を続けて、少しでもよい絵を世に送り出せたらいいですね。

ミニドキュメント 2 3DCG制作者

自分だけができるというオリジナリティーを大切に

著者撮影

ナイス・デー
西田潔史《にしだきよふみ》さん

きっかけは、映画から受けた感動

大学時代に映画『ハリー・ポッターと賢者《けんじゃ》の石』の映像に感銘《かんめい》を受けました。実写の世界のなかにCGのキャラクターなどを合成し、ファンタジーの世界を完璧《かんぺき》に表現していて、ほんとうにすごいと思ったんです。加えて、僕《ぼく》らの20代のころは最初のプレイステーションが発売された時代で、いままでドット絵だったゲームがいきなり3DCGになり、ゲームの世界でも革命が起きていたんですね。僕《ぼく》以外にも、それでCG制作者をめざす人が多かったのではないでしょうか。この仕事に就こうと思ってからは、大学を出た後、昼は仕事をして、夜はCGの専門学校に通うという日々を2年間過ごしました。

就職活動では、履歴《りれき》書といっしょに、専門学校に通うなかでつくった作品を収録したポートフォリオを持って、いろいろなCG会社を巡《めぐ》りました。就職した1社目は立体的なゲームのキャラクターをつくったりする会社、2社目が現在所属しているナイス・デーです。

最初の映画の仕事は、車の側面に映《うつ》りこんだ撮影《さつえい》しているスタッフを消して、自然な映像にするというものでした。華々《はなばな》しいCGだけでなく、こんな地道な作業もCGで行われているんだなという驚《おどろ》きがありました。

仕事の流れ

業務としては多岐《たき》にわたるのですが、おおまかにいうと、映画やCMの映像に使われるCGをつくっています。コンピュータを使って映像をつくるものはすべてCGなのですが、そのなかにも3DCG、2DCGなどといった種類があります。基本的に僕《ぼく》の仕事としては、3Dのソフトを使って架空《かくう》のものをつくって実写と合成したり、架空のものだけで映像をつくるといった3DCGにまつわることです。たとえば、演技をする人間と動物がからむシーン。ひと昔前《むかし》は、本物の動物を使っていました。もちろん、今でも犬や猫《ねこ》などの本物の動物を使うことは多いのですが、虎《とら》など猛獣《もうじゅう》を使う場合は、費用や安全面などの点から難しいときもあります。そういうときは、虎《とら》などの動物を3DCGで立体的に描《えが》いて、実写と合成することもあるんですよ。

仕事の流れとしては、企画《きかく》や絵コンテがあって、どういう完成作品にしたいかという監《かん》督《とく》のイメージを聞き、それを形にしていきます。

一日の流れとしては一様にはいえなくて、自分がかかえている単発の仕事や、チームで行っている仕事によってまちまちです。基本的には、ほかの社員と現在の進捗《しんちょく》確認をして指示を出したり、自分で3DCGを描《えが》く作業をしたりしています。特に現在の会社はそこまで分業という形を取っていないので、チームのなかにいても、一人で自分の担当している分の作業をすることが多いです。

今では改善されていますが、業界に入った直後は徹夜《てつや》で働く日々が続いていました。仕事をし続けると、1週間が3日くらいしかない気がしていたんですよ。今は就業時間が守られるようになって、そういう働き方はなくなりました。ときには、日中に会議が立てこんで、結局、作業時間が深夜になってしまうという人もいたりしますが。また、フリーランスの人の場合は自分で時間を決めて、自由な労働時間で作業をしています。

現在、私が働いているのは基本的に10時から19時までです。たとえば映画やドラマなど、テレビの作品は締め切《しき》りまで余裕《よゆう》があるので、就業時間内に仕事を終えられることが多いです。最近は、単発のテレビCMだったり、YouTubeなどで流れるネットの動画広告も増えています。それらは映画やドラマよりも納期が短いことが多く、スピードが求められるため、多少残業が発生することもありますね。

やりがいと難しさ

やはり、自分がすてきだなと思う作品であったり、クライアントと自分のなかのイメージがしっかり合うよい作品にかかわって、それが世に出たときはやりがいを感じます。なかでもうれしかったのは、映画『燃えよ剣《けん》』にかかわれたことです。新選組《しんせんぐみ》が京都《きょうと》・伏見《ふしみ》

3DCGで作成した画像を動かしながらシミュレーション確認

で新政府軍と闘《たたか》っているシーンで、演技をしている人と燃えている背景を合成したりしました。もともと僕《ぼく》は司馬遼太郎《しばりょうたろう》さんが書かれた原作小説が好きだったこともあり、その映画に自分が仕事でかかわることができたのは、ほんとうにやりがいのある経験でした。また、試写で映画が見られるのも、この業界にいてうれしいことのひとつです。

難しいと思うのは、監督《かんとく》やクライアントのイメージしているものと、自分のイメージがマッチせず、それを少しでも近づけようとするときです。文化が違《ちが》う海外の国との仕事は、特にそう感じますね。「緑色」とひと口にいっても僕《ぼく》たちがイメージする緑と、クライアントのイメージする緑が同じ緑ではないときもあります。日本は比較《ひかく》的柔《やわ》らかな色が好まれることが多いのですが、海外の場合は、よ

り原色に近いはっきりとした色が好まれる場合もありますから。文化や環境《かんきょう》で好まれる色や感じ方が違《ちが》うんだな、などと学ぶことが多いです。今の会社はこのような海外の仕事もあり、メールなどでやりとりすることもあるので、英語でのコミュニケーションが必要になることもあります。

どんな人が向いている?

興味や関心のあることに没頭《ぼっとう》できる人は向いていると思います。ただ、好きなことだけでなく、さまざまなものに興味をもち、仕事に応用していけるほうが理想的です。

たとえば、3DCGの映像をつくるうえでも、3Dのキャラクターをつくる人と動きをアニメーションにする人、CG空間でカメラアングルを決める人など、いろいろな役割の人がいます。アニメーションにするさい、スポーツ経験がない人は、どう動くかを頭の中であまり認識できていないと思うんです。僕《ぼく》はずっと野球をやっていたので、野球のスイングを自分でイメージできます。ただ、野球をやったことがない人はアニメーションをつくろうとすると、木の棒を振《ふ》り回《まわ》しているだけのように見えてしまうこともあって。そういう意味でもいろいろなものを見て経験し、どう理解するかが大事です。

アニメーションをつくるときは、自分で動いてみることも大切です。虎《とら》をつくるにしても、自分で同じように両手両足をついて歩き、それをカメラで撮《と》って検証するくらいのことをやらないといけないんですね。今はインターネットなどですぐに調べられる時代ではありますが、そこから新しさのあるよい表現を

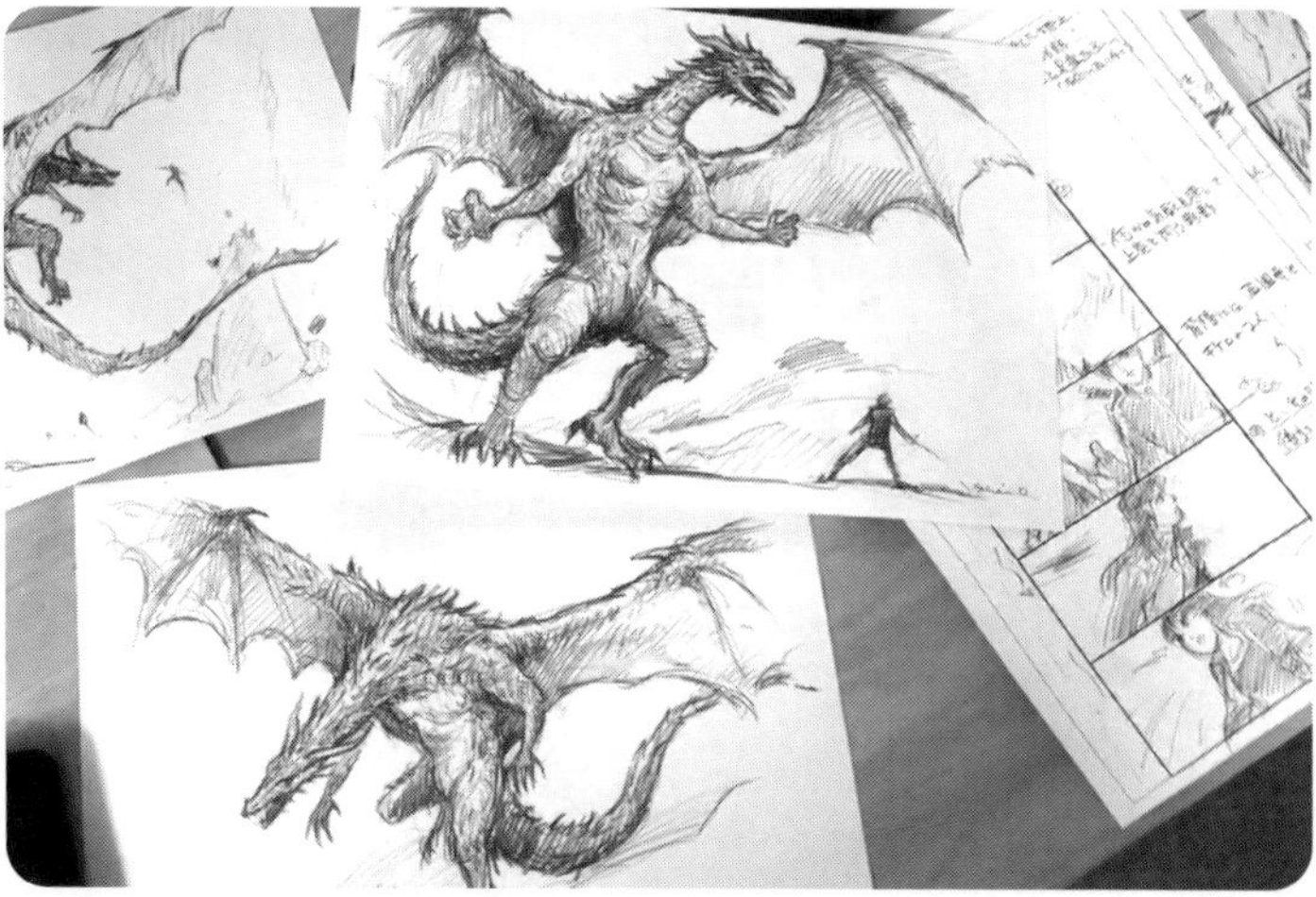
絵コンテとイメージボード（作画：オダ イッセイ）

生み出すには、その人の根っこの部分、土台がないと難しいかもしれません。技術力は上がっているし、SNSなどでいろいろな情報が発信されていますが、小技ばかりが多いように思います。なので、ゼロからやってみて、と言われたら意外とできない人が多いのではないでしょうか。ゼロからつくるときに求められるのは技術だけでなく、これまでの人生で見聞き、経験したことから生じる基礎力《きそりょく》だと思いますね。

もし3DCG制作を仕事にしたいと思うのであれば、骨格標本や物の構造などに興味がある人が有利です。そういった本を読んで勉強しておくと、きっとあとで役に立つと思います。

僕《ぼく》自身、働いている今でも積極的に情報を集めて学んでいるというよりかは、日々現れる新しい作品や、技術の情報収集に追われている状態です。勝手に流れてくる情報だけであふれてしまっています。歳《とし》をとるごとに新しいことを覚えづらくなるので、それらの情報と必死に闘《たたか》っている最中です。

機材もソフトウェアも日々進化していき、便利にはなっていますが、実際に、この仕事をどうやって仕上げていこうかと考えるときは昔と同じで、うーん……と頭をかかえて悩《なや》んで、答えになんとかたどり着くという。いくら便利なものが増えても、ものづくりをするうえで、悩《なや》む部分は変わっていないと思います。

これからめざす人へのエール

新人を採用するさいには、これまで手がけた作品を見せてもらうのですが、それを見れば、その人が何が好きかはわかります。人がつくるものは、どうやってもこれまでの好きな物や、見聞きしてきたことなど、その人の背景が出てしまうので、作品を見ただけでどんな人かがすぐにわかるのです。

何に興味があるかというのは人それぞれだと思いますが、自分の興味の対象がはっきりと出ている作品には魅力《みりょく》を感じます。自分の芯《しん》の部分がまわりよりもしっかりとある人は、何も教えなくても勝手に伸《の》びて、活躍《かつやく》していきます。好きなものがはっきり描《えが》けている人は熱意が違《ちが》いますね。ロボットでも動物でも。だから、この業界をめざしている人は、今自分がいちばん好きなものを追い続けて、どんどん形にしていってほしいと思います。

また、キラキラした映像にあこがれている人は、仕事を始めてから地道な作業のギャップに苦しまないといいなと思います。「これをやりたい！」と中高生時代にあこがれたことをそのままできているのは、野球の大谷翔《おおたにしょう》平《へい》選手くらいなものだと思うんです。僕《ぼく》もCGの世界に入り、今の会社で働き始めてからも、いろいろなことを経験するなかで、「3DCGって、こういう仕事もあるんだ！」と視界が開けてきました。みなさんも積極的にチャレンジして、自分の可能性を広げてもらいたいです。

日々、質の高い表現を追求する西田さん

仕事を続けるなかでの、現在の僕《ぼく》の目標は、AIに勝つことです。今の時点で、これまで人間が処理していたある程度の表現まで、AIで生成できるようになっています。そんな「ある程度」の先をいくクオリティーの高い表現を実現できないと、CG制作者として、この業界で生き残っていくのは厳しくなっていくと思います。これから3DCG制作者をめざす人は、少しハードルが高いと感じるかもしれませんが、より「自分なりのもの」をつくる必要があると感じています。僕《ぼく》も、自分にしかできないことを探っていきたいですね。人から言われるままにつくったものは、どんどんAIに置《お》きかわっていくと思いますので。

ミニドキュメント 3 パイロテクニシャン

経験・知識・技術で迫力あるシーンを演出

著者撮影

ヨシワ
杉山《すぎやま》義幸《よしゆき》さん

「パイロテクニシャン」って、どんな仕事?

「パイロテクニシャン」という仕事は、あまり知られていないかもしれません。パイロテクニシャンは、日本語だと「火炎技術者」と訳すようです。

映画やドラマで、建物や怪人《かいじん》が爆発《ばくはつ》したり、火災が発生したり、銃《じゅう》で撃《う》たれたところの服が裂《さ》けたりする場面がありますよね。そのようなシーンには、煙火または火工品という火薬類が使われることが多いのです。また、歌手のコンサートやスポーツイベントの演出で、火や煙《けむり》が噴《ふ》き出《だ》すときがあります。そういうときも火薬類が使われます。そういった火薬類を使う仕事がパイロテクニシャンです。映画のエンドロールには、「特殊効果」や「操演」などと表示されることが多いです。

花火の魅力《みりょく》に取りつかれて

昔《むかし》から花火が好きで、中学2年のときから、花火大会の警備などの手伝《てつだ》いを始めました。花火って、ワクワクしませんか。高校は普通《ふつう》科《か》だったのですが、徐々《じょじょ》に打ち上げ花火の製造元でアルバイトをさせてもらえるようになりました。花火を製造したり、火薬を保管したりする親方は、火薬類製造保安責任者および火薬類取扱《とりあつかい》保安責任者という国家資格が必要です。火薬を保管する場所も必要です。

花火大会で使うような大きな花火玉を作るには、あらかじめ調合されている火薬類を球形の大きな玉の中に詰《つ》めていきます。花火の製造施設《しせつ》で火薬類を詰《つ》める作業をする人には、国家資格は必要ありません。花火大会が近くなると、近所のおばさん、おじさんが花火玉作りの手伝《てつだ》いに来ていました。花火大会は夏に多く、ちょうど農閑期《のうかんき》にあたるので、手の空いている人たちが花火を作る会社にアルバイトをしに来てくれます。また、その人たちが花火大会で花火の打ち上げに従事する場合は、日本煙火協会《にほんえんかきょうかい》というところが主催《しゅさい》する煙《えん》火《か》保安講習を受講して煙火《えんか》消費保安手帳を取得しなければなりません。さらに、18歳《さい》以上でないと、その手帳を取得する資格がないので、花火の打ち上げや火薬類の取《と》り扱《あつか》いができないのです。

僕《ぼく》は18歳《さい》になる前から花火会社でアルバイトをしていましたが、そのころは手帳を取得していなかったので、火薬に触《さわ》らせてもらえませんでした。火薬以外の荷物を運んだりという雑用が仕事でした。

花火玉作りは危険を伴《ともな》う仕事なので、18歳《さい》になったからといって、すぐに手帳が取れるわけではありません。面識がなかったり、ちょっとこの人には任せられないなという人には、親方が資格を取らせてくれません。事故があったら、雇用《こよう》している会社の責任になってしまうので。

僕《ぼく》は、ずっと花火会社のアルバイトをしていたので、18歳《さい》になったとき、煙火《えんか》保安講習会を受講して、やっと手帳をもらうことができました。その手帳は、毎年講習を受けないと失効してしまいます。

高校を卒業して、一度は建築の仕事に就いたのですが、それでも花火大会の前などは、花火会社で手伝《てつだ》いをしていました。20歳《さい》になったころ、本格的に花火師になろうと、その会社に就職しました。

花火師からパイロテクニシャンに

花火師になってから、花火の材料である火薬に興味をもつようになりました。花火って、いろいろな火の色があるでしょう？　火薬によって色が違《ちが》ったり、火より煙《けむり》のほうが多く出たりと、さまざまなんです。そういうおもしろさに興味をもったころ、たまたまインターネットでテレビや映画で爆破《ばくは》のシーンを作るパイロテクニシャンという仕事を知りました。花火大会で使う大玉花火から子どもが遊ぶおもちゃ花火を作る会社まで入れても、花火会社は全国で230社くらい。今の僕《ぼく》らのような爆破《ばくは》特効の会社は20社くらいしかありません。映画やドラマの特撮《とくさつ》を扱《あつか》う会社は、そのなかで3社くらいでしょうか。それだけ数が少ないので、そういう会社の情報をなかなか見聞きすることがなかったんです。

ちょうどそのころ、横浜《よこはま》の特殊効果技術の会社が特殊効果技術者を探していると聞いて、迷わず横浜に行き、その会社で10年間働きました。

パイロテクニシャンに特化した養成校は、ありません。だから、現場で先輩《せんぱい》に教わったり自分で考えたりして経験を積んでいくことが必要です。たとえば、ドラマなどで銃《じゅう》で撃《う》たれるシーン。火薬類が多すぎると演者がやけどをしてしまいますし、少なすぎれば迫力《はくりょく》がありません。胸より上で火薬類が破裂《はれつ》すると、演者が鼓膜《こまく》を痛めてしまうこともあります。ナイロン製の服はチリチリと燃えてしまいますし、生地によっては裂《さ》けにくいものもあり、先にカッターで切《き》りこみを入れておかなければなりません。また、イベントなどで火薬類を使うときは、特に注意が必要です。使用する種類や量も状況《じょうきょう》に応じて考慮《こうりょ》しなければなりません。そのためには、使用する火薬類の種類や量がすべて頭に入っている必要があるのです。

基本的な技術や何十種類もある火薬の特性などを理解し、独り立ちしたのが3年前で、故郷《こきょう》の茨城《いばらき》県に帰って仕事を始めました。

広がるパイロテクニシャンの仕事

依頼《いらい》を受けたら、まずどのくらいの規模の特殊効果が必要なのかを確認します。火薬類を使う撮影《さつえい》は、事前に届け出や許可を得る必要があります。爆破《ばくは》特効に使う火薬の量で管《かん》轄《かつ》の消防署への届け出のみか、都道府県からも許可を得るかが決まるんです。届け出や許可申請《しんせい》を出す前に、現地にカメラマンや監督《かんとく》と下見に行きます。下見のときに、どういうふうに爆発《ばくはつ》させたいか、どのようなアングルから撮《と》りたいかなどを綿密に打ち合わせします。監督《かんとく》や映像の種類によって、爆発《ばくはつ》の規模も違《ちが》いますし、もくもくと煙《けむり》を多くしたいのか、煙《けむり》は最小限にして炎《ほのお》が際立つようにしたいのかなど好みや要望の差があります。それによって、どんな種類の火薬類をどれだけ使うかが決まりますから、打ち合わせは大事です。

当日は、打ち合わせ通りになるよう、何回かシュミレーションテストをしてから本番の火薬類をセットして、手動で点火スイッチを押《お》すというのが仕事の流れです。とはいえ、スイッチを押《お》すタイミングというのは難しくて、爆発《ばくはつ》を避《さ》けながら走っていくようなシーンでは、演者がテストと違《ちが》う動きをしたときは、危険なので点火スイッチを押《お》しません。

爆破のタイミングを計ってリハーサル　ヨシワ提供

もう一度、撮影《さつえい》し直しです。とにかく、いつも安全第一を考えて仕事をしています。万が一のことがあれば、ちょっとしたけがではすみませんし、自分だけでなく煙火《えんか》消費保安手帳を発給してくれた会社も責任を問われてしまいます。

日本の花火玉は、世界でも優れた花火として賞賛されていますが、映画産業が盛んな欧米のものが多種多様で進歩してるので、僕《ぼく》らが扱《あつか》う特殊効果用の火薬類は、輸入されたものが多いです。

最近は、爆破《ばくは》特効や人が撃《う》たれるシーンがCGでつくられることも多くなりました。実際に爆破《ばくは》シーンを撮影《さつえい》するのは、天候に左右されたり時間やかかわる人数が多かったりして、CGより予算がかかります。しかし、グリーンバックの前で演じるよりも本物の炎《ほのお》の熱や爆風《ばくふう》を感じながら演じるほうが、俳優もやりやすいといいますし、観客にも、その臨場感が伝わるのではないかと思っています。

地元にいたときにお世話になった花火会社の仕事もしているので、各地で花火大会のある夏は、特に仕事が忙《いそが》しいですね。また、数年前に花火会社の社長が地元で特殊効果を取《と》り扱《あつか》っている会社を紹介《しょうかい》してくれたこともあり、その会社と仕事をすることが多くなりました。その会社は、スポーツイベント、歌手のコンサートやPVの仕事も多いので、依頼《いらい》があればそういう仕事もしています。最近では、YouTuber のドッキリ企画《きかく》などで爆破《ばくは》体験を映したいとか、爆発《ばくはつ》の前で写真を撮《と》ったりする爆破《ばくは》体験ツアーもあります。映画やドラマより、爆破《ばくは》の特殊効果が一般《いっぱん》の人にとって身近になってきたように思います。

仕事の大変さとやりがい

仕事で大変だなと感じるのは、やはり監督《かんとく》

自分も爆炎を背にヒーローになれる！　特撮爆破体験のワンシーン　スカイテック社提供

などクライアントと爆破《ばくは》特効のイメージを共有することでしょうか。相手の意をうまく汲《く》みとることができれば、あとは経験と、もっている知識や技術をフル活用して、最高の爆破《ばくは》シーンをプロデュースします。相手のイメージ通りの爆破《ばくは》シーンが再現できて「おお!」と歓声が上がるときがうれしくもあり、やりがいを感じるときでもあります。

撮影《さつえい》に使う銃《じゅう》はモデルガンですが、映像では銃《じゅう》から玉が飛び出しているように見せなければなりません。銃弾《じゅうだん》が発射されたとき、発射口から閃光《せんこう》が出ます。これをガンエフェクトといいますが、撮影《さつえい》のときはモデルガンを改造して火薬類を仕込《しこ》みます。改造しないと火薬類の爆発《ばくはつ》に銃身《じゅうしん》が耐《た》えられなくて壊《こわ》れてしまうし、あまり改造しすぎると銃刀法違反《じゅうとうほういはん》になってしまうので、その加減が難しいのですが、そういった難しいことに挑戦《ちょうせん》するのも楽しいし、やりがいのひとつです。

この仕事を続けているのは、なんといっても爆破《ばくは》のときのワクワク感が好きだからです。とても危険を伴《ともな》う仕事ではありますが、大きなやりがいを感じています。火薬を扱《あつか》えるのはひと握《にぎ》りの人で、自分はそのなかの一人なのだという優越《ゆうえつ》感のようなものも感じます。花火大会などでは関係者以外立ち入り禁止の場所に入っていけるといったおもしろい経験もできますしね。

もし、パイロテクニシャンになりたいという人がいたら、まずは特殊効果を取《と》り扱《あつか》う会社や花火会社でアルバイトをするところから始めるといいかもしれません。コンサートやスポーツイベントで爆破《ばくは》などの特殊効果を担っている技術者は、イベント関係や舞台《ぶたい》演出関係の専門学校や大学を出てから、パイロテクニシャンという仕事があることを知って転職してくる人が多いですね。撮影《さつえい》などの爆破《ばくは》特効の仕事をするパイロテクニシャンは、戦隊ものなど爆破《ばくは》特効のあるドラマが好きで業界に入ってくる人が多いです。

僕《ぼく》の場合は、何よりも出会いとタイミングでした。最初の花火大会でのアルバイトもそうだし、特殊効果を仕事にしたいと思ったちょうどそのタイミングで横浜の会社の求人があったこと。そして、茨城県に戻《もど》ってきたときに、特殊効果を扱《あつか》う会社との出会いがあった——。

これからは、もっと特殊効果の世界が盛《も》り上《あ》がってほしいし、一般《いっぱん》の人にもこういう仕事があるということを知ってもらえたらうれしいです。

ひとつの映像作品にかかわる多くの仕事人

さまざまな能力や技能に秀《ひい》でた人たち

1本の映像作品をつくるには、監督《かんとく》やプロデューサー、脚本家《きゃくほんか》、俳優など、さまざまな人が関係しています。一見かかわりがないように見えますが、一般《いっぱん》の会社と同じように広報、経理、総務などを担当する人がいなければ、1本の映像を世に送り出すことはできません。それは舞台《ぶたい》でも同じです。

ここでは、この本のドキュメントなどで紹介《しょうかい》した職種以外の特殊効果の仕事にはどんなものがあるか、その一部を見ていきましょう。

・操演部

映画やドラマの制作会社には、操演部という部署があります。操演部には、この本で紹《しょう》介《かい》した爆破《ばくは》や炎上《えんじょう》などの仕事やミニチュアの操作などを行う人たちが所属しています。

俳優やスタントマンが空を飛ぶシーンなどは、人の体にワイヤロープを装着《そうちゃく》し、そのロープを引っ張ることで、空中に飛び出したり回転したりというアクションシーンが可能になります。これをワイヤ・アクションと呼びます。こういったワイヤの装着《そうちゃく》や操作をするのも操演部の仕事です。撮影《さつえい》した映像にはもちろんワイヤが映っていますが、後からCGを使ってワイヤを消すので、観客には人が空を飛んでいるように見えるのです。

また、大型の扇風機《せんぷうき》を使って、台風のような風を起こしたり、高いところからホースなどで水をまいて、雨が降っているような自然現象の演出をするのも操演部の人たちの仕事です。

現在は、映像の制作会社のなかの操演部だけでなく、舞台《ぶたい》や映像で演出される火やワイヤ・アクション、自然現象など、それぞれに特化した特殊効果専門の会社やフリーランスの人たちがいます。

・スタントマン

映像作品や舞台《ぶたい》などで、危険なシーンを専門に演じる人がスタントマンです。

たとえば、高いところから飛び降りるような危険なシーン。顔などがアップで映るシーンは、本来の俳優が演じ、実際に高いところから飛び降りるのは、スタントマンが演じることがあります。また、危険なカーチェイスをするようなシーンでは、スタントマンが俳優の代わりに演じます。そして、後からスタントマンと俳優の映像を合成します。

・スーツアクター

着ぐるみに入って、変身もののドラマのヒーローや怪獣《かいじゅう》、ロボットなどを演じるのがスーツアクターです。たとえば、『仮面ライダー』などの変身ものの変身後、着ぐるみの中の人は変身前の俳優とは違《ちが》う人が演じています。着ぐるみに入ったまま戦いを演じたり、ワイヤ・アクションをこなしたりしなければならないので、一般《いっぱん》の人より体力・運動能力に秀《ひい》でた人が演じるのです。顔の表情などで演技ができないため、全身を使った演技力が要求されます。

・モーションアクター

現実の人物の動きを3次元データとしてコンピュータで記憶《きおく》する技術を、モーションキャプチャーといいます。

モーションキャプチャーでは、着ぐるみを着たりメイクアップをするのではなく、センサーのついたスーツを着た俳優が演じ、そのセンサーから送られた信号を受信して、俳優の体の動きをすべてコンピュータに記憶《きおく》させます。そして、そのデータを元に顔の表情や体のようすなどを3DCG制作者が描《えが》いていきます。もともと人間の表情の動きなどが記録されているので、よりリアルな人間以外の生物になるのです。このなかでセンサーをつけて演技をするのがモーションアクターです。

・マットペインター

実写のような背景画を描《えが》くことをマットペイントといい、マットペイントを描《えが》く人をマットペインターと呼びます。

マットペインターは、画面のなかの一部に写実的な背景画を配置して、奥行《おくゆ》きのある映像をつくりだします。SF映画など、架空《かくう》の世界を描《えが》くときはもちろん、さまざまな映画の背景にマットペイントが使われています。最近ではCGで制作できるようになり、現在はほとんどがデジタル化されました。

職種によって さまざまな生活と収入

1本の映像を完成させるために多彩《たさい》な仕事人が集結

1本の映像を完成するためには、さまざまな特殊効果技術者がかかわっています。仕事によって、生活も収入も違《ちが》いがあります。この本のドキュメント、ミニドキュメントで紹《しょう》介《かい》した特殊効果技術者たちの生活や収入をご紹介《しょうかい》しましょう。

VFXスーパーバイザー

VFXスーパーバイザーは、2DCG、3DCGの各担当者が制作する映像を監修《かんしゅう》し、まとめる仕事です。企画《きかく》の段階では、監督《かんとく》や脚本家《きゃくほんか》と会議を重ね、「この映像なら、CGでつくれる」「こういうシーンをつくるには、これだけの予算がかかる」など、監督《かんとく》や脚《きゃく》本家《ほんか》に提示して、必要なら脚本《きゃくほん》の修正なども行います。外の撮影《さつえい》のときは、事前に撮影《さつえい》現場に行って下見（ロケーションハンティング／ロケハン）もします。撮影《さつえい》にも立ち会い、監督《かんとく》の意向を汲《く》みつつ、どこにどんなCGを入れるかを考え、各担当者に指示をしていきます。撮影《さつえい》の終盤《しゅうばん》には、まだ音声の入っていない作品を見ながら、監督《かんとく》や編集担当と最終確認もします。映画など制作期間の長い作品では、2～3年もかかわることがあります。責任者なので、日本各地や世界各地にロケハンに行ったり、映画の完成間際には、夜遅《おそ》くまで仕事を余儀《よぎ》なくされることがあります。そのため、何本も制作途中《とちゅう》の映画をかかえていたりすれば、必然的に拘束《こうそく》時間が長くなります。また、CGの技術はどんどん発達していくので、新しい技術を学ぶために情報を得たり、新しい映像ソフトの扱《あつか》いを学ぶなど、休みの日も勉強しつづける人が多いようです。映像がほんとうに好きな人でないとなかなかできない仕事です。

収入は、どんな仕事をしているかでまったく異なります。たとえば、大手配信サイトのオリジナル作品などは、1作の映画で1億円近くのギャラ（報酬《ほうしゅう》）が支払《しはら》われます。反対に、小規模なインディーズ（自主制作）作品などでは、数十万円の予算しかない場合もあります。どんな作品でも、予算に合わせて最善の映像をつくるのがプロフェッショナルなのです。

みずから会社を経営していたり、フリーランスで仕事をしていたりと、さまざまな人がいます。

特殊メイクアップアーティスト

特殊メイクアップアーティストで、映画やCMなど高額な報酬《ほうしゅう》が出る仕事を担っている人はひと握《にぎ》りです。現在では、そうした分野以外にも裾野《すその》が広がっています。たとえば、テーマパークのお化け屋敷《やしき》やハロウィーンイベントなど、仮装《かそう》や特殊メイクを必要としている場所が増えてきているのです。

映画やCMにかかわっている特殊メイクアップアーティストは自分の会社をもっていて、会社で仕事を請《う》け負《お》う場合も多いようです。一方で、「こういう仕事だから、◯◯が上手《じょうず》

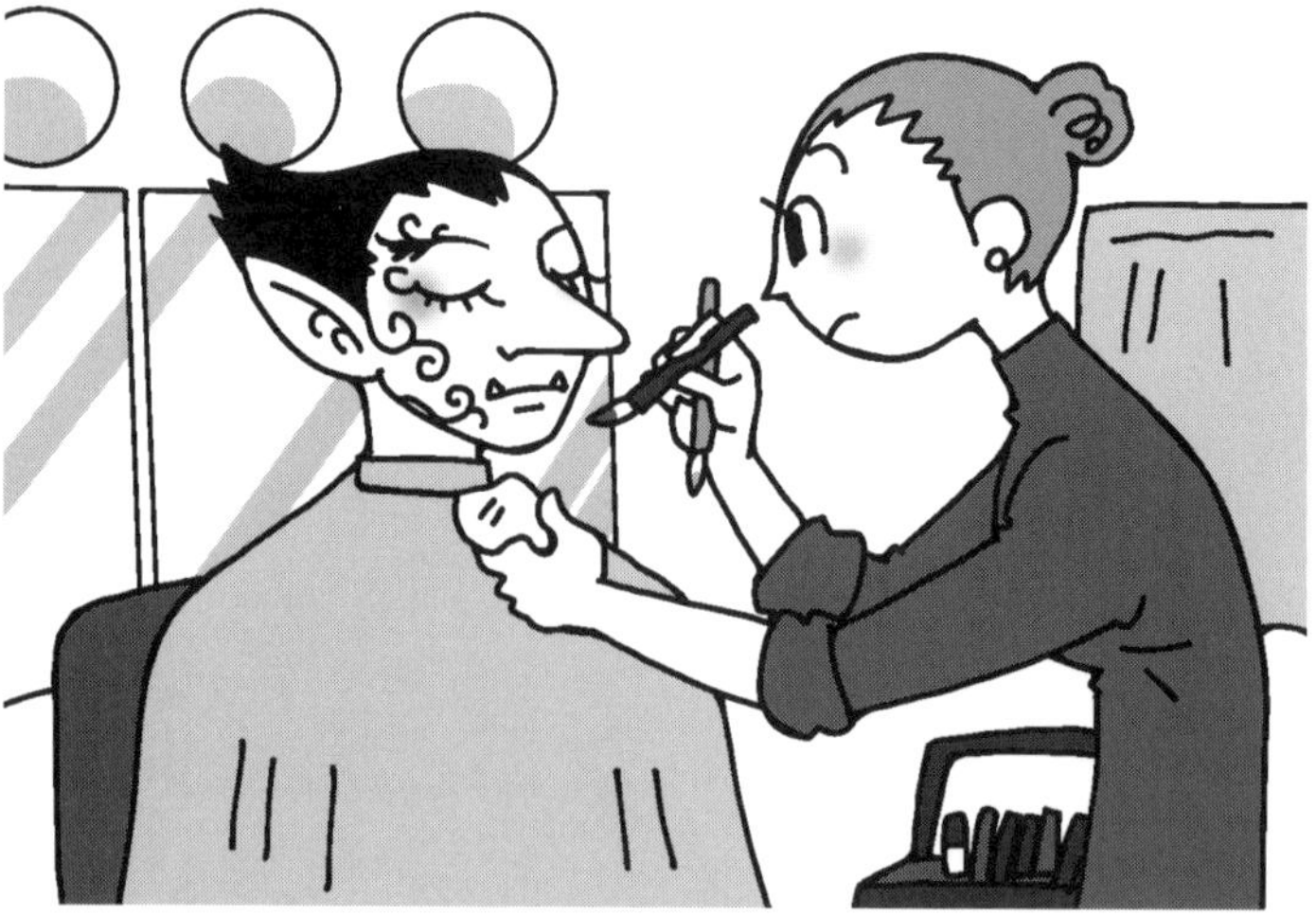

な人を」というように、作品ごとに制作会社と契約《けいやく》をしていくフリーランスの人も多くいます。特殊メイクアップアーティストとして著名になれば、数千万円の収入も可能ですが、本人の技術や何の仕事をするかで、収入が数万円ということもあります。

映画やドラマの仕事では、監督《かんとく》やメイクを施《ほどこ》す相手と打ち合わせを重ねたあとは、ひたすら造形の日々です。制作日程が短ければ、当然一日の仕事の量が増えて、長時間労働になってしまうこともあります。そして、撮影《さつえい》日には、それぞれの人に制作したマスクなどを持っていって、最終的なメイクを完成させるので、撮影全般《さつえいぜんぱん》につきあうことになります。

特撮《とくさつ》美術の制作者

中に人が入ってヒーローや怪獣《かいじゅう》などを演じるキャラクターの着ぐるみをつくる職業は特殊造形、町並《まちな》みなどのミニチュアを作る仕事は、特撮《とくさつ》美術または特殊美術と一般《いっぱん》に呼ばれます。主に特殊造形や特撮《とくさつ》美術の制作会社が手がけます。入社して最初は助手から、という場合が多い世界です。はじめは10万円前後の収入ということもあり、ほかのアルバイトをしながら仕事を続けるという人も多いようです。会社でさまざまな経験を積み、技術を覚え、やがて正社員になれば20万～40万円ほどの収入は確保されます。また、経験と技術を得たのちに独立する人もいます。独立して大きな仕事が入るようになれば、数百万円の収入も夢《ゆめ》ではありません。

特撮美術《とくさつ》は、制作においても監督《かんとく》などとの打ち合わせが欠かせません。あとは、撮影日《さつえい》までにミニチュアなどを制作し、撮影《さつえい》にも立ち会います。撮影《さつえい》の日には、その場で最終的なセットの組み立てをしたり、カメラのアングルに合わせてミニチュアを移動させるなど、撮影終了《さつえいしゅうりょう》までさまざまな作業があります。

2DCG・3DCG制作者

2DCG・3DCG制作者は、フリーランスよりも会社に所属している人のほうが多いでしょう。2DCG・3DCG制作には、何台もの性能のよいコンピュータやソフトを駆《く》使《し》しなければなりません。したがって、個人で仕事をするには経費がかかりすぎるということがあるかもしれません。会社員が多いので、一般企業《いっぱんきぎょう》の事務職と同じような給料体系です。ただし、とても優秀《ゆうしゅう》な制作者は、ほかの会社から腕《うで》を見込《みこ》まれて高額のオファーをされたりすることもあるようです。

CGディレクターともなれば、VFXスーパーバイザーと打ち合わせをし、誰《だれ》がどのシーンを制作するかを決めていくのが仕事です。CG制作者によって、「涙《なみだ》を描《えが》くならばあの人」など得意分野があるので、それを見極めて仕事を割《わ》り振《ふ》っていくのです。規模の大きな映画などの場合は、他社の担当者とも打ち合わせをしなければなりません。それぞれの担当者から仕上がってきたシーンを取りまとめてVFXスーパーバイザーに確認を依頼《いらい》します。会社の規模にもよりますが、なるべく残業などをしなくてもいいように割《わ》り振《ふ》る采配も必要です。

パイロテクニシャン

パイロテクニシャンも、まずは爆破《ばくは》などの特殊効果制作会社に入って、さまざまな技術や経験を得なければなりません。会社員であれば、一般《いっぱん》の事務職と同じくらいの給料となります。ある程度の技術や経験を得たら独り立ちをして、自分の会社をもったり、フリーランスで活動する人もいます。自分で会社を経営している人や、技術力のある人であればフリーランスでも、数千万円の報酬《ほうしゅう》を得ることも可能です。フリーランスの場合は、大規模な仕事をイベントごとに契約《けいやく》する場合が多いです。昨今は、映画やドラマだけでなく、観光客などのための爆破《ばくは》体験や、格闘《かくとう》技《ぎ》大会、スポーツ大会、演劇のシーンなどでも火薬類が使われるので、仕事の需要はさまざまです。

どんな爆破《ばくは》シーンにするかを監督《かんとく》などと綿密に打ち合わせをし、当日までに火薬類や爆《ばく》破装置《はそうち》の準備をします。当日は何度か爆破《ばくは》テストをして、炎《ほのお》や煙《けむり》の色を調整していきます。

特殊効果のこれから

さまざまな可能性を秘めた撮影技術

コンピュータ技術の進歩とともに発展する撮影《さつえい》技術

ここ30年くらいのあいだに、コンピュータの性能やコンピュータ上で使われる映像制作ソフトは、格段に進歩してきました。２ＤＣＧ・３ＤＣＧなどでは、本当にその世界があるように見えるリアルな世界を描《えが》き出《だ》せるようになり、今や映像には欠かせない分野になりました。

また、60ページで紹介《しょうかい》したようなプロジェクションマッピングや、グリーンバックを使った合成に加え、近年ではＬＥＤのモニターにＣＧでつくられた映像を映し出し、その手前に役者が立って演技をするインカメラＶＦＸ（66ページ参照）など、新しい技術がつぎつぎと開発されています。今や映画だけでなく、テレビドラマやＣＭ映像など、多くの映像作品はCGなしに語れません。スマートフォンのアプリなどでも、さまざまな合成を行うことができ、高価な機材をもたない学生でも、CGを用いた映像を作成することができます。

現代のCG映像は、実際の映像と合成すると、違和《いわ》感なくひとつの映像として見ることができます。専門知識がない人には、どこまでがCGなのか実際の映像なのかの区別がつきにくいものも多いのではないでしょうか。

撮影《さつえい》するときに、ここは実際の映像のほうがよい、CGのほうがよいなどの判断も必要となってきます。監督《かんとく》や脚本家《きゃくほんか》の要望に応じた映像が、はたしてCGで実現可能か、実現するためにはどうすればよいかなどをアドバイスする専門家も必要とされてきています。今後はCGを使ってさまざまな映像表現を行うことが、今以上にふつうのこととなっていくでしょう。したがって、CGの技術や技術をもっていて、作品を統括《とうかつ》し、ほかの作品にはない表現を世に送り出していくVFXスーパーバイザーの役割が、これからは今以上に重要となっていきます。

また、映像表現におけるコンピュータの技術は、CGだけに限りません。現代では、専用の3Dスキャナーを用いることで、人や物といった対象の情報を読み取り、3Dモデルへと変換《へんかん》することもめずらしくはなくなってきました。データを3Dプリンターで出力することで、自分のイメージするものをつくりだせるのです。たとえば、特殊メイクでは、メイクされる人の顔をスキャンして、３Ｄプリンターで出力すれば、元の顔にそっくりなマスクを、今まで以上のスピードでつくりあげることができます。その上に特殊メイクアップアーティストが造形してモンスターなどの顔をつくることも可能です。ミニチュアの制作でも、スキャンしたり、一からモデリングしたものを３Ｄプリンターで出力したりすることができるでしょう。

このように、コンピュータの技術やアプリの開発によって、映像表現の技術もどんどん進化しています。よりリアルな映像がつくれるようになってきただけでなく、制作までの時間の短縮にもつながってきました。

映像以外の需要も拡大

特殊メイクアップアーティストも、１９８０年代に生まれた比較《ひかく》的新しい仕事です。初期のころは、映画やＣＭ、ＰＶ、演劇などが主な活躍《かつやく》の場でした。ここ10年ほどは、テーマパークのお化け屋敷《やしき》やハロウィーンイベントなどで特殊メイクが多用されるようになり、裾野《すその》が拡大しています。また、技術だけではなく、ラバーやメイク用品などの素材も改良が進み、よりリアルな特殊メイクができるようになってきたのです。

特撮《とくさつ》美術や特殊造形は、映画の創成期からある仕事です。映画産業の発展とともに、特《とく》撮《さつ》美術のための素材や技術も進歩して、より本物らしく見える造形物が作れるようになってきました。過去には怪獣《かいじゅう》映画で怪獣《かいじゅう》が壊《こわ》す建物は、ミニチュアで作られていることが多く、現在でも取り入れられている手法ではありますが、作品によっては、ＣＧでつくられた空間のなかで、ＣＧの怪獣《かいじゅう》が暴れまわるといった演出も多くあります。とはいえ、美術館の展示など、建物のミニチュアを必要とする場所も増えています。

爆発物のプロフェッショナルであるパイロテクニシャンの仕事も、映画のはじめのころからある仕事です。昔《むかし》は、映像のなかに爆破《ばくは》や破裂《はれつ》シーンがある場合、必ずパイロテクニ

シャンの手を借りる必要がありました。たとえば、俳優の胸に銃弾《じゅうだん》が当たるシーン。「弾着《だんちゃく》」と呼ばれる、弾《たま》が当たる箇所《かしょ》に火薬を仕込《しこ》み破裂《はれつ》させる方法が主流でした。今もこうした撮影《さつえい》方法を取ることはありますが、一方で、銃弾《じゅうだん》が当たって服が弾《はじ》けるようすなどをCGで描《えが》き込《こ》むという方法も使われています。火薬を使った撮影《さつえい》よりも環境《かんきょう》を選ばないため、多くの作品で用いられています。また、1回グリーンバックの前で爆破《ばくは》シーンを撮《と》り、その炎の映像をほかのシーンでくり返し使うことで、経費も少なくし時間も短縮するという撮影《さつえい》方法を取ることもあります。

昔《むかし》に比べて、映像のシーンなどでのパイロテクニシャンの仕事は、減少しているかもしれません。しかし、演劇の舞台《ぶたい》やコンサート、スポーツイベントの演出などで、火薬類を使った派手な演出が盛んに行われており、需要は拡大しています。また、映画やドラマのような爆破《ばくは》を自分の近くで起こしてもらい、そのようすを撮影《さつえい》する体験ツアーなども人気を呼んでいて、茨城県では観光客の誘致《ゆうち》のために、県が爆破《ばくは》体験ツアーの後押《あとお》しをしています。

このように、人間が想像上のリアルな風景や刺激《しげき》を求める限り、特殊効果にかかわる多くの仕事は、今後もなくなることはありませんし、時代とともに進化し続けていくでしょう。

3章

なるにはコース

適性

人を感動させるものをつくりたい！

「映画が好き」が情熱への入り口

特殊効果にかかわるさまざまな技術者に共通する思い、それは「映画が好き！」ということではないでしょうか。取材をした特殊効果技術者の多くが、仕事に就いたきっかけを「映画を見て感動し、人を感動させる映画を自分もつくりたいと思った」と言っていました。その感動と、やってみたいという気持ちが映像づくりにかける情熱となっているようです。裏を返せば、好きだからこそできる仕事でもあるのです。好きなことだったら、どうすればうまくいくかを深く考え、その表現がどうしたら可能になるかと新しい技術を求め、時間や労力が多くかかったとしても苦労とは思わないのかもしれません。そのシーンがうまくできたときの達成感、完成した映像がその作品にぴったりハマっていたときのうれしさや満足感、それらが特殊効果技術者の自信となり誇《ほこ》りとなっていくようです。

もうひとつの共通点は、コミュニケーション能力です。映像の仕事というのは、多くの人が集まってひとつの作品をつくっていきます。特殊効果技術者は、それぞれの分野ごとに完璧《かんぺき》なものを仕上げていかなければなりません。しかし、監督《かんとく》や脚本家《きゃくほんか》というその映像の基本方針を決める人たちと何度も話し合って、イメージに近いものをつくりあげていくには、人とうまく折り合いをつけていく能力や、監督《かんとく》や脚本家《きゃくほんか》の語るイメージをうまく汲《く》みとる能力がとても大切です。10代のうちからコミュニケーション能力をみがくことが大事かもしれません。では、それぞれの仕事における適性も見ていきましょう。

ＶＦＸスーパーバイザー

ＶＦＸスーパーバイザーは、ＣＧ制作のまとめ役です。ＣＧ制作に関する多様な知識も必要ですが、たくさんの映像作品だけでなく、美術作品なども鑑賞《かんしょう》して、構図のあり方など、日々研究していることが大切です。また、細部にこだわる繊細《せんさい》さと、制作している映像作品を常に俯瞰的《ふかんてき》に見ることができる客観性ももちあわせていなければなりません。観客や監督《かんとく》が求めているものを理解し、表現できる力も必要でしょう。

そして、何よりも必要なのは行動力です。無理だと思っていても、やってみるチャレンジ精神と、気になる人がいたらとりあえず会ってみる、やってみたいことがあったら迷わず企画書《きかくしょ》を書いてみるというような行動力がある人に向いているのではないでしょうか。「自分ならできる」という強い意志も、映画を完成させるＶＦＸスーパーバイザーには必要な要素かもしれません。

特殊メイクアップアーティスト

特殊メイクアップアーティストには華《はな》やかな印象がありますが、実際には汚《よご》れてもいい作業着のような恰好で、一日中コツコツと作業をする仕事です。「もっと華《はな》やかな世界かと思った」と、仕事を始めて数カ月で挫折《ざせつ》してしまう人もいます。たとえば、顔を模した造形物にはめる義眼を作るとき、目の輝《かがや》きや表情を作るためには、何時間もかけて義眼をみがくといった作業をすることもあります。そういった地道な作業を積み重ねながら完成へと向かっていきます。

顔の骨格に合わせてマスクを作ることもあるので、人体の構造などに興味をもっていることも大切です。ラバーなどの素材を使ってマスクを作るには、場合によって数週間はかかります。器用さよりも、人間の表情などへの観察眼や、コツコツと毎日仕事を続けられる持久力のあるタイプの人のほうが向いているかもしれません。

もちろん、人をあっと言わせる発想力やオリジナリティーも大切です。

特撮《とくさつ》美術の制作者

ミニチュアなどを制作する特撮《とくさつ》美術の会社は、もともと数が多くありません。したがって、「その仕事がしたい！」という熱意や行動力がないと、なかなか就職自体が難しいかもしれません。とはいえ、美術系の大学や専門学校で身につけられる技術は、仕事のなかのほんの一部であるため、やはり一度はアシスタントとしてでも会社に入って仕事の流れなども学ぶ必要があるでしょう。自分から会社に対してアピールしていく行動力と勇気をもつことも大切です。また、特撮《とくさつ》美術で建物などのミニチュアを作るときには、設計図も描《えが》けなければなりません。実際に造形していくときは、手先の器用さや、日程や予算のなかで臨機応変にやり抜《ぬ》く力も大切です。

ひとつの作品をつくりあげるには、小さな物でも数時間、大きな物なら数週間もかかります。その間にコツコツと集中する力も必要です。

2DCG・3DCG制作者

美術的なセンスやデッサン力、発想力がある人は向いているといえます。そのなかでも、ひとつのことを観察する力、その観察したことを自分の表現に取り入れられる人が向いているでしょう。CG制作の仕事は、コンピュータ上で細かい作業をすることが続きます。したがって、毎日コツコツと作業ができる人は向いているかもしれません。

また、コンピュータの性能や技術は日進月歩しています。いつでも新しい情報を取り入れて、それを作品に取《と》り込《こ》んでいける応用力があることも大事です。

パイロテクニシャン

爆発物を取《と》り扱《あつか》うパイロテクニシャンには、何よりも危険が伴《ともな》います。危険に対して、慎重《しんちょう》に対処できるタイプの人のほうが向いているでしょう。実際に爆破《ばくは》するときだけでなく、事前準備として火薬の量を調整したり、「今度の爆破《ばくは》には火の多く出る火薬を使い、煙《けむり》が出る火薬は少しにしよう」などと、使う火薬類を用意する場面もあります。危険物を扱《あつか》っていることをいつも意識して作業することがいちばん肝心《かんじん》です。火が怖《こわ》くないという人が向いているかもしれません。

また、爆発物《ばくはつぶつ》にもいろいろな種類があり、技術的にも進歩しているので、新しく使われはじめた技術や火薬類のことなど、最新の情報はどんどん取り入れて、より観客が感動するようなシーンをつくりたいという向上心も大事です。

資格と道のり

資格がないとできない仕事はパイロテクニシャンだけ

大切なのは知識と経験を重ねること

特殊効果技術者をめざすには、まずはその世界に近づくことです。ほとんどの職種は、資格必須《ひっす》ではありません。専門の養成校で学ぶ、知識を蓄《たくわ》える、特殊効果技術の会社で現場のアルバイトをするなどをして、ものづくりの力を身につけることが大切です。

VFXスーパーバイザー

VFXスーパーバイザーに学歴や資格はいりません。しかし、VFXスーパーバイザーは、仕事上、CGに関するさまざまな技術を理解し、映像に関しても博識でなければなりません。したがって、監督《かんとく》や制作会社から「この人にVFXスーパーバイザーをしてもらいたい！」と指名されてなることが多いようです。CGデザイナーやプロデューサーなど、映像にまつわるさまざまな仕事を経験してこそなれる仕事です。

特殊メイクアップアーティスト

最近は、ミニドキュメント4で紹介《しょうかい》するように、特殊メイクを専門に学べる学校も増えてきました。まずは、通える範囲《はんい》にそうした学校があるか探してみましょう。学校によっては、「色彩検定」を受けることを推奨《すいしょう》しているところもありますが、資格はいりません。卒業して、会社や工房《こうぼう》にアシスタントとして就職したり、フリーランスとして仕事を続ける人もいます。たとえば、「〇〇の映画をつくるから来てほしい」などという話があって、その映像作品を制作している期間だけ仕事をするという契約《けいやく》を結びます。よい仕事をすれば、またつぎの作品で契約《けいやく》をしてもらえるという形がほとんどです。最近は、アミューズメントパークのお化け屋敷《やしき》やハロウィーンのイベントなどでも特殊メイクの仕事を依頼《いらい》されることがあります。しかし、卒業してからも日々努力して技術を学んでいかないと、続けていくのはなかなか難しい仕事です。

特撮《とくさつ》美術の制作者

最近になって、「ミニチュアクリエーター」などの資格も出てきましたが、会社に入ってその資格をもっていると優遇《ゆうぐう》されるというほどは広まっていないのが現実です。特撮《とくさつ》美術の制作者の多くが、美術系の大学や専門学校の卒業者です。デッサン力や立体的なものを作る力が必要だからです。特撮《とくさつ》美術の会社は数も少なく、就職するまでもなかなか狭《せま》き門です。自分が作った物を積極的にプロの方に見てもらう機会をつくることから始めなければなりません。

会社でも、最初から正社員として雇用《こよう》してくれるところは少ないかもしれません。アルバイトとして下積みを重ね、技術や経験を得

てから正社員になったり、フリーランスになることが多いようです。もし特撮《とくさつ》美術を仕事にしたいと思うのであれば、特撮《とくさつ》美術を使われている作品をたくさん見て、分析《ぶんせき》をするのが第一歩です。たくさんの映像を見て、自分で作ってみる経験もしてみましょう。たくさん映像作品を見ることで、絵コンテを見て、何が必要なのかを判断する目も養われていきます。

2DCG・3DCG制作者

専門の大学、各種学校に入学して、基礎《きそ》的な勉強をしてから会社に入る人が多いでしょう。

ひと口にCG制作といっても、以下のように仕事は多岐《たき》に分かれています。

・モデラー

デザイン画を元に、存在感のあるCGを描《えが》く人です。想像上の生き物や物体などであっても、正確に細部までつくりこむ仕事です。

・アニメーター

モデラーが作成したCGモデルを動かすためのアニメーションの設定を行います。

・テクスチャーアーティスト

モデラーがつくった生き物や物体に、色や質感を加えていく仕事です。

・エフェクター

炎《ほのお》や煙《けむり》など、映像に特殊効果を加え、よりリアルな表現になるようにします。

・コンポジター

２Ｄや３Ｄの映像と実写映像などのデータを合成（コンポジット）し、最終的に映像を仕上げていきます。

２ＤＣＧや３ＤＣＧの制作者になるのに資格はいりませんが、専門学校などでは、在学中に以下のような資格取得を推奨《すいしょう》しているところがあります。企業《きぎょう》でも、社員に資格取得が推奨《すいしょう》されるところもあるので、在学中に取得しておくのもひとつの方法でしょう。

・CGクリエーター検定ベーシック（旧3級）

・CGクリエーター検定エキスパート（旧2級）

ＣＧクリエーター検定ベーシック（旧３級）は、主に知識の理解を測ることが目的の資格です。一方、ＣＧクリエーター検定エキスパート（旧２級）は、専門知識の理解に加え、知識を応用する能力を測ることが目的です。

・Photoshop クリエーター能力認定試験

・Illustrator クリエーター能力認定試験

Adobe 社の Photoshop はグラフィックやイラスト作成、画像加工などができるソフトです。同じ Adobe 社の Illustrator は、グラフィックアプリケーションです。両方とも多様な作業ができるアプリなので、基本知識として扱《あつか》いを知っておいたほうがよいでしょう。両方とも、スタンダードとエキスパートの２種類の試験があります。

・色彩検定

初心者向けの３級から、プロフェッショナル向けの１級まであります。また、ＵＣ級という多様な色覚や高齢《こうれい》者の色の見え方に配慮《はいりょ》したユニバーサルデザインの基礎《きそ》の色彩《しきさい》検定もあります。

そのほかのＣＧ制作に関するアプリケーションは、入社した会社が何を使用しているかという違《ちが》いがありますし、コンピュータやアプリケーションはどんどん進歩していきます。入社してから学ばなければならないことも多いでしょう。

ＣＧ制作者をめざすのであれば、早いうちからデッサン力が身につくような学びや審美《しんび》眼《がん》を養うようなチャレンジをしていくのがよいかもしれません。

パイロテクニシャン

パイロテクニシャンは、唯一《ゆいいつ》資格がないとできない仕事です。日本煙火協会が主催《しゅさい》する煙火《えんか》保安講習を受講すると煙火《えんか》消費保安手帳が取得できますが、年に1回煙火《えんか》保安講習会を受けて更新《こうしん》をする必要があります。

試験資格は18歳《さい》以上なのですが、その前に爆破《ばくは》特効の仕事などをしている会社や花火製造会社で数年間仕事をし、人格的に火薬を取《と》り扱《あつか》ってても危険なことをしないと認められて会社から推薦《すいせん》されないと受講資格を得ることができません。

アルバイトや正社員として会社に入り、数年してやっと資格がとれますが、その後も数年間は修業をしないと一人前にはなれません。屋外では使えるけれど、屋内では使ってはいけない火薬類などを熟知する必要があり、風向きなどさまざまな天候やスペースなどを考えて火薬類を使うのは、最後は長年培《つちか》われた経験と知識、技術が必要だからです。

パイロテクニシャンを必要としている会社の数は少ないですが、志望者も多くないので、熱意があれば道が開ける可能性があります。

ミニドキュメント 4 特殊効果技術を学べる養成校を見てみよう

特殊技術で世界を驚かせるエンターテインメントを

編集部撮影

専門学校東京《とうきょう》ビジュアルアーツ・アカデミー
松《まつ》浦《うら》加《か》奈《な》子《こ》さん

特殊メイクを専門に学べる学校

専門学校東京ビジュアルアーツ・アカデミーは、１９６４年に東京写真専門学校として創立されました。名前の通り、当初は写真の学校でしたが、１９９３年に専門学校東京ビジュアルアーツ、２０２４年に専門学校東京ビジュアルアーツ・アカデミーと改称しました。現在は、特殊メイク学科、音楽総合学科、写真学科、映像学科、マスコミ出版・芸能学科、パフォーミングアーツ学科、ダンス学科があります。写真のほか、映像、特殊メイク、マスコミ、音楽、俳優、ダンスなどが学べる、エンターテインメントとクリエイティブの分野をめざす学生のための総合的な専門学校になっています。

特殊効果だけを見ても、映像学科のなかには動画ＶＦＸ・３ＤＣＧコースや映画技術コースなどがあります。ここでは、特に特殊メイク学科についてくわしくご紹介《しょうかい》していこうと思います。

日本では、特殊メイク学科のある学校は多くありません。専門学校東京ビジュアルアーツ・アカデミーの特殊メイク学科は、特殊メイクコース、映像・舞台《ぶたい》メイクコース、特殊造形コースの三つに分かれています。

・**特殊メイクコース**

特殊メイクとは、主に人の体や顔に発泡《はっぽう》ゴムやシリコーンなどの素材を使い、別の顔を作り上げていく技術のことです。狼男《おおかみおとこ》やフランケンシュタインのような全身に特殊メイクを施《ほどこ》しているると見てわかるものから、切り傷ややけど、しわなど、一見してフェイクだと気がつかないものまで、特殊メイクは、今や映像や舞台《ぶたい》では欠かせないものになっています。いろいろな素材を使った特殊メイクや型どりなど、実践《じっせん》的な実習を中心に学習していきます。

・**映像・舞台《ぶたい》メイクコース**

映像や舞台《ぶたい》でのメイクは、一般《いっぱん》的にふだん生活しているときのメイクと少し違《ちが》います。映像や舞台《ぶたい》の照明の下でも映えるメイクが要求されます。ヘアメイクも、作品の完成度を左右するほどの力があります。映像・舞台《ぶたい》メイクコースでは、ヘアアレンジやメイク技法に加えて、ボディーペイントやネイルアートなどを実践《じっせん》的に学んでいきます。

・**特殊造形コース**

たとえば、動物など、実際に存在するものを造形したり、宇宙人など想像上のものをリ

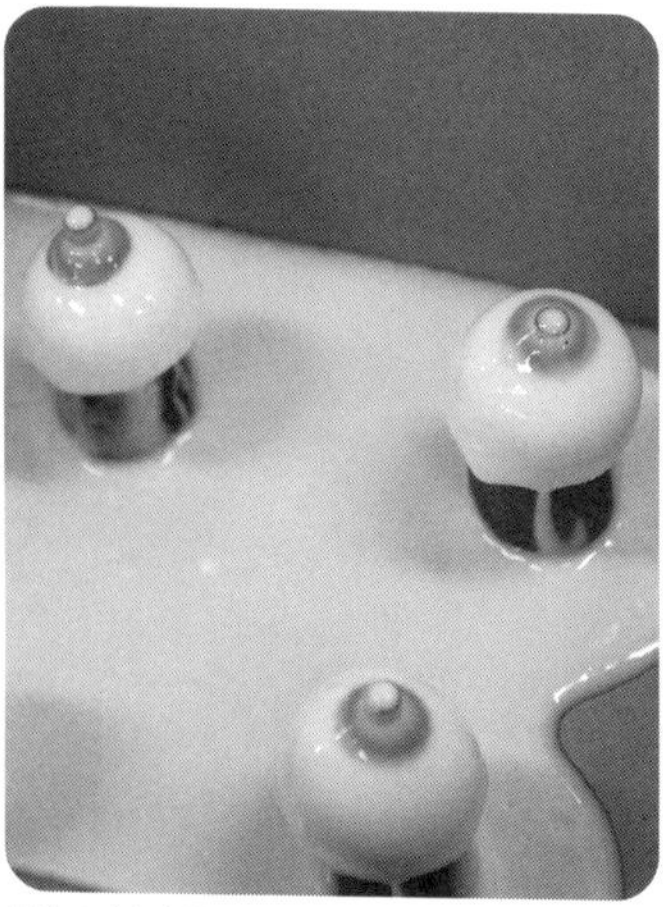

特殊メイク実習のようす。顔の形をつくるピースのうち、義眼をやすりがけでみがき上げていく
編集部撮影

アルに表現することを学ぶのが特殊造形コースです。映像制作のさい、病気で横たわっている犬などは、本物の犬に長時間の撮影《さつえい》をがまんさせるより、リアルな造形物を使うほうがよいこともあります。また、時代もので人間の生首などが置かれている場面を撮影《さつえい》するときも造形物のほうがいいでしょう。リアリティーを追求した作品やオリジナルの造形物を作れるまでの技術を追求し、原型から着色までを実践《じっせん》的に学びます。

経験は学校に入ってからもだいじょうぶ

特殊メイク学科を志望してくる人のほとんどは、高校までそうした技術について未経験です。今は、「特殊メイク」という言葉もだいぶ知られてくるようになりましたが、高校生のうちは、なかなか本格的に特殊メイクをしてみようという環境《かんきょう》がないかもしれません。

志望者の動機を聞いてみると、ホラー映画のゾンビもの、仮面ライダーや戦隊もののドラマなどを見て特殊メイクに興味をもったからという人もいますが、ハロウィーンなどのイベントで特殊メイクを体験しておもしろさを感じて入学したという人も増えています。

形を正確にとらえて立体的に表現するためのデッサンや、メイク、ボディーペイント、造形などにも応用できるエアブラシの授業などもあるので、基礎《きそ》から知識と技術をしっかり身につけることができるでしょう。実在しないものを作っていくことが多いので、どういったものを作ろうかという想像力を養うのはもちろんですが、どういう材料を使って、どういう工程で作ったらよいかをイメージする力も身につきます。そのイメージと、実現できる技術的な部分の両方を学んでいくことを大事にしています。

また、特殊造形などは、現在、コンピュータを使った3Dモデリングの知識も必要になってきています。授業ではそういった演習もありますし、オリジナルデザインのフィギュアを制作する授業もあるので、デジタルにもアナログにも対応した総合的な技術や知識を身につけることができます。

授業は実技が中心で、講師も実際に特殊メイクアップアーティストとして活躍《かつやく》している方が多くいます。また、専門学校東京ビジュアルアーツ・アカデミーは、アメリカのロサンゼルスにある大学と交流があり、その大学で特殊メイクを教えている先生の実技や講演をオンラインで開催《かいさい》するなどもしています。

1年生で特殊メイクや造形の基礎《きそ》を学ぶと、

いよいよ2年生。2年生での大きなイベントは、なんといっても学科を超《こ》えたコラボレーションです。

専門学校東京ビジュアルアーツ・アカデミーでは、ほかの学科と共同して動画をつくります。脚本《きゃくほん》や撮影《さつえい》などを映像学科の学生が担当し、パフォーミングアーツ学科の学生が演者となり、音楽は音楽総合学科の学生が担当するなどして1本の映像をつくりあげるのです。

ほかの学科の学生たちとコラボレーションすることで、仕事の手順や、他の分野の人とどのようにコミュニケーションを取っていけばいいのかなど、さまざまなことが学べます。

どんな人が向いているか

入学してから、どんなものを作りたいか、想像力がわかなくてつまずくという人はあま

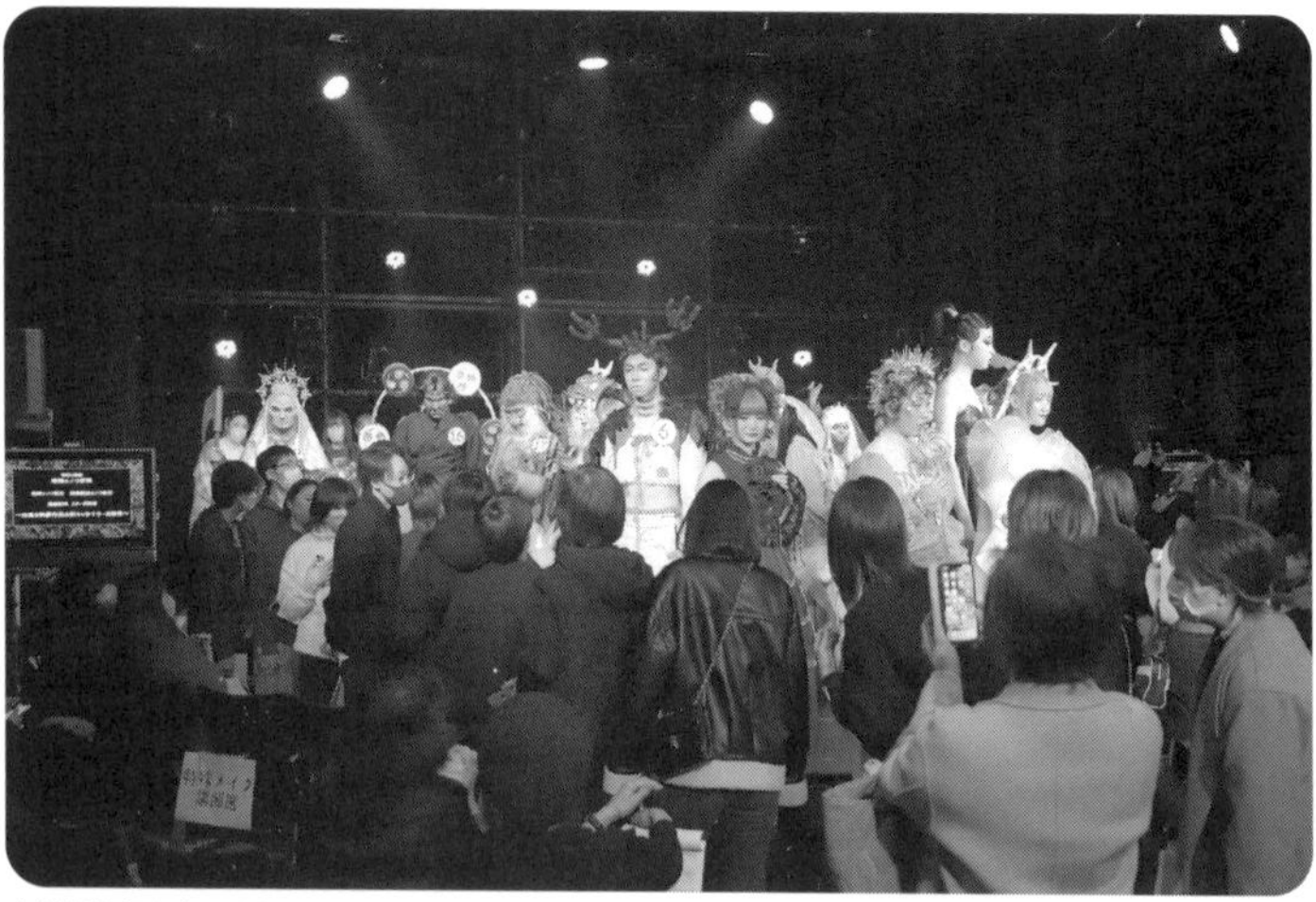

卒業制作審査会のようす

図表 時間割の例

※1年次前期の時間割サンプルです。
※時間割、カリキュラムは学習内容を考慮し、変更となる場合があります。

特殊メイクコース

<table>
<tr><th></th><th>月</th><th>火</th><th>水</th><th>木</th><th>金</th></tr>
<tr><td>1時限目
9：20～10：50</td><td></td><td rowspan="2">特殊メイク
実習</td><td rowspan="3">特殊メイク
実習
（ヘアメイク・
デッサン）</td><td rowspan="2">特殊メイク
実習</td><td rowspan="2">マルチ
カリキュラム</td></tr>
<tr><td>2時限目
11：00～12：30</td><td></td></tr>
<tr><td>3時限目
13：20～14：50</td><td>CG演習</td><td rowspan="2">特殊メイク
概論</td><td rowspan="2">彫塑実習</td><td></td></tr>
<tr><td>4時限目
15：00～16：30</td><td>就職対策</td><td></td><td></td></tr>
<tr><td>5時限目
16：40～18：10</td><td></td><td></td><td></td><td></td><td></td></tr>
</table>

映画・舞台メイクコース

<table>
<tr><th></th><th>月</th><th>火</th><th>水</th><th>木</th><th>金</th></tr>
<tr><td>1時限目
9：20～10：50</td><td></td><td rowspan="2">デッサン
実習</td><td rowspan="3">メイク実習</td><td rowspan="2">舞台メイク
実習</td><td rowspan="2">マルチ
カリキュラム</td></tr>
<tr><td>2時限目
11：00～12：30</td><td></td></tr>
<tr><td>3時限目
13：20～14：50</td><td>ファッション
概論</td><td rowspan="2">ヘアー実習</td><td rowspan="2">特殊メイク
実習</td><td></td></tr>
<tr><td>4時限目
15：00～16：30</td><td>就職対策</td><td></td><td></td></tr>
<tr><td>5時限目
16：40～18：10</td><td></td><td></td><td></td><td></td><td></td></tr>
</table>

特殊造形コース

<table>
<tr><th></th><th>月</th><th>火</th><th>水</th><th>木</th><th>金</th></tr>
<tr><td>1時限目
9：20～10：50</td><td></td><td rowspan="2">彫塑実習</td><td rowspan="5">特殊造形
実習</td><td></td><td rowspan="2">マルチ
カリキュラム</td></tr>
<tr><td>2時限目
11：00～12：30</td><td></td><td></td></tr>
<tr><td>3時限目
13：20～14：50</td><td>CG演習</td><td rowspan="2">特殊造形
実習</td><td rowspan="2">特殊造形
概論</td><td></td></tr>
<tr><td>4時限目
15：00～16：30</td><td>就職対策</td><td></td></tr>
<tr><td>5時限目
16：40～18：10</td><td></td><td></td><td></td><td></td></tr>
</table>

りいないかもしれません。誰でも、心の中に造形物のイメージをもっています。どんな素材や技術を使えば自分のなかのイメージを形にできるかを学ぶことで、このように工夫をすれば形にできるとわかるからかもしれません。

細かな作業が多いので、ある程度の器用さとコツコツと作業する持続力のある人が向いています。また、新しいことに挑戦《ちょうせん》してみる物怖《ものお》じしない姿勢の人も向いていると思います。

中高生のあいだは、まず自分の好きなものをしっかり見聞きしておくことが大切です。ただ見聞きするだけではなく、たとえば、音楽のアーティストで好きな人がいたら、そのアーティストはどういう音楽を聞いていたんだろうかとか、好きな映画があったら、その映画をつくった監督《かんとく》はどんな映画に影響《えいきょう》を受けたのだろうかなどと、深掘《ふかぼ》りしていくことが大事です。そうすることで、知識が広がっていきます。そういう知識が、自分で特殊メイクや造形物を作るときのヒントになります。

卒業後の進路

今は、特殊メイクコースや映像・舞台《ぶたい》メイクコースは女性のほうが、特殊造形コースは男性のほうが多いですが、これは年度によって違《ちが》います。

特殊メイクコースや特殊造形コースの卒業生は、映画やドラマの特殊メイクにかかわる人も多いのですが、テーマパークに就職する人も増えています。テーマパークでは、ハロウィーンやお化け屋敷《やしき》などのイベントでのメイクのほか、造形物の制作などでかかわる人もいます。今は、美術系大学出身者より、専門学校出身者のほうが業界で働いている人は多いかもしれません。

特殊メイクアップアーティストという仕事は、フリーランスで活躍《かつやく》している人も多くいます。フリーランスの人は、専門学校在学中に特殊メイクアップや造形物関連の企業《きぎょう》にアルバイトなどで何かしらのつながりをもち、卒業後も仕事をコンスタントに依頼《いらい》される人が多いです。

本物そっくりの制作物

学内ではいくつかのイベントが行われ、企《き》業《ぎょう》とコラボレーションしたものも多数あります。こうした企業《きぎょう》からは、学校を通してドラマや映画、バラエティーの制作現場など、アルバイトの依頼《いらい》が数多くきます。1年生のうちからイベントに参加していると、2年生になったころには、そういうことからも企業《きぎょう》とのつながりができてくるのです。

就職の実際

会社に雇用される、フリーランスで活躍するなど道は複数

それぞれの職種でさまざま

特殊効果技術者は、その職種によって就職の実際がかなり異なります。大きく分けて、会社の正規職員と、作品ごとに契約《けいやく》するフリーランスの人がいます。この本で紹介《しょうかい》したそれぞれの特殊効果技術者の就職の実際について見ていきましょう。

VFXスーパーバイザー

大学や専門学校を卒業して、すぐにVFXスーパーバイザーになれる道はほとんどありません。VFXスーパーバイザーになるには、視覚効果・特殊効果を知《し》り尽《つ》くすほどの豊富な知識と経験が必要だからです。もし、将来VFXスーパーバイザーになりたいと思っ

ている人がいたら、まずは映像業界に身を置いて、CG制作やプロデューサーなどを経験していきましょう。強い情熱と行動力をもって望めば、いつの日かVFXスーパーバイザーになる道も開かれていくかもしれません。

特殊メイクアップアーティスト

特殊メイクアップアーティストは、美術系の大学や専門学校で技術を学ぶ人が多いようです。専門学校では、インターン制度が充実《じゅうじつ》していたり、特殊メイクアップアーティストを必要とする会社でアシスタントをするアルバイトを斡旋《あっせん》してくれるところもあります。直接会社に就職する場合もありますが、ドラマや映画などの制作現場では、1作品ごとにフリーランスの特殊メイクアップアーティストと契約《けいやく》をするところが多いとされています。最初はアシスタントとして現場に入り、仕事のなかで力を認められれば、またつぎの仕事のときに声がかかる、というスタイルです。ですから、毎回全力で取り組み、結果を出していく必要があります。アシスタントとしての収入は高くはありませんが、実績を積み上げて一人前の特殊メイクアップアーティストと認められれば、やがて自分で会社を立ち上げることもできます、

特撮《とくさつ》美術の制作者

最近の特撮《とくさつ》美術の制作者は、大学や専門学校で映像や造形を学んだ人が多いかもしれません。ただ、特撮《とくさつ》美術を仕事としているのは、一部の専門会社か映画を制作している会社に限られてしまいます。したがって、ほんとうにミニチュアや怪獣《かいじゅう》映画などが好きで情熱をもっている人でないと特撮《とくさつ》美術の仕事に就くのは難しいといえます。正社員での雇用《こよう》はさらに少なく、1作品ごとの契約《けいやく》や、映画会社のスタジオとのアルバイト契約《けいやく》のような形が多いでしょう。自分なりの創意工夫をした作品を見てもらう機会をつくるなど、積極的な姿勢が大切です。

2DCG・3DCG制作者

特殊効果技術者で、正社員として仕事をする人が多いのが、2DCG・3DCG制作者です。2DCG・3DCGの制作をするには、性能の高いコンピュータやソフトが必要です。個人でそれらをそろえるには、多額の費用がかかります。さらに、映画など大きい作品を手がけるには、何人もの技術者がチームワークを発揮して動かなければなりません。それには会社に属しているほうが仕事をしやすいのです。

もちろん、技術力や想像力の高い人は、よりよい給料や待遇《たいぐう》などを提示されたり、より自分のやりたい仕事をさせてくれる会社に転職することもよくありますし、自分で会社を立ち上げる人もいます。

2DCG・3DCG制作者になるには、大学や専門学校でコンピュータ関係の知識と、それらを使いこなせるだけの技術を習得する必要があるでしょう。

パイロテクニシャン

煙火《えんか》消費保安手帳を取得しなければなれない職業です。花火の製造会社などで何年かアルバイトをして信用を得るか、映画制作会社の操演部に入るなど、手帳を取得するためにはまず、見習い的な形で仕事を始める必要があります。特撮《とくさつ》もののドラマや映画、火を取《と》り扱《あつか》うことなどがとても好きだという人でないと、なかなかたどりつけない仕事かもしれません。ドラマや映画の制作現場で火薬類を扱《あつか》う会社に入社して、経験を積んだ後にはじめて独り立ちができます。もちろん、火薬類の特殊効果業務を行う会社にずっと在籍《ざいせき》する人もいますが、フリーランスとして独立して仕事を受けている人も多いです。

こうしてみると、特殊効果技術者は、フリーランスの人がとても多いことに気付かされます。実際のところ、学歴よりも何よりもその人の実力が大事な世界なのです。フリーランスは、毎月同じ金額の給料がもらえるわけではありません。受ける仕事によって、年収も大きく変わります。しかし、実力しだいでは、自分の会社を立ち上げたり、何千万円もの収益を上げることも夢《ゆめ》ではありません。

原動力は好きなことを仕事としてできること。何よりも映画が好き、映像づくりが好きという思いが大切です。好きだからこそ、経験を積み重ねていくこともできるでしょう。「好き」を追求しつつ、さまざまなことに関心をもって自分のなかの引き出しを増やしていくことが大切です。そして引き出しの中にさらに知識を蓄《たくわ》えていけば、いざ自分が仕事をするとき、知識をもとに応用が効くようになっていきます。

また、自分で動いてみるという行動力も大切でしょう。自分がなりたいと思う職種の尊敬する人とのコンタクトを試みたり、その分野ですでに業績を収めている人たちがしている講演会や講習会に行ってみるのもひとつの手立てかもしれません。そうやって、少しでもつながりをもつことで未来が開けていくこともあるでしょう。

現在、いろいろな分野で働いている特殊効果技術者も、仕事にまつわることを深く考えたり勉強したりしています。毎回の仕事のなかで創意工夫を怠《おこた》らず、常に専門性を探求する人が活躍《かつやく》しているのがこの業界なのです。

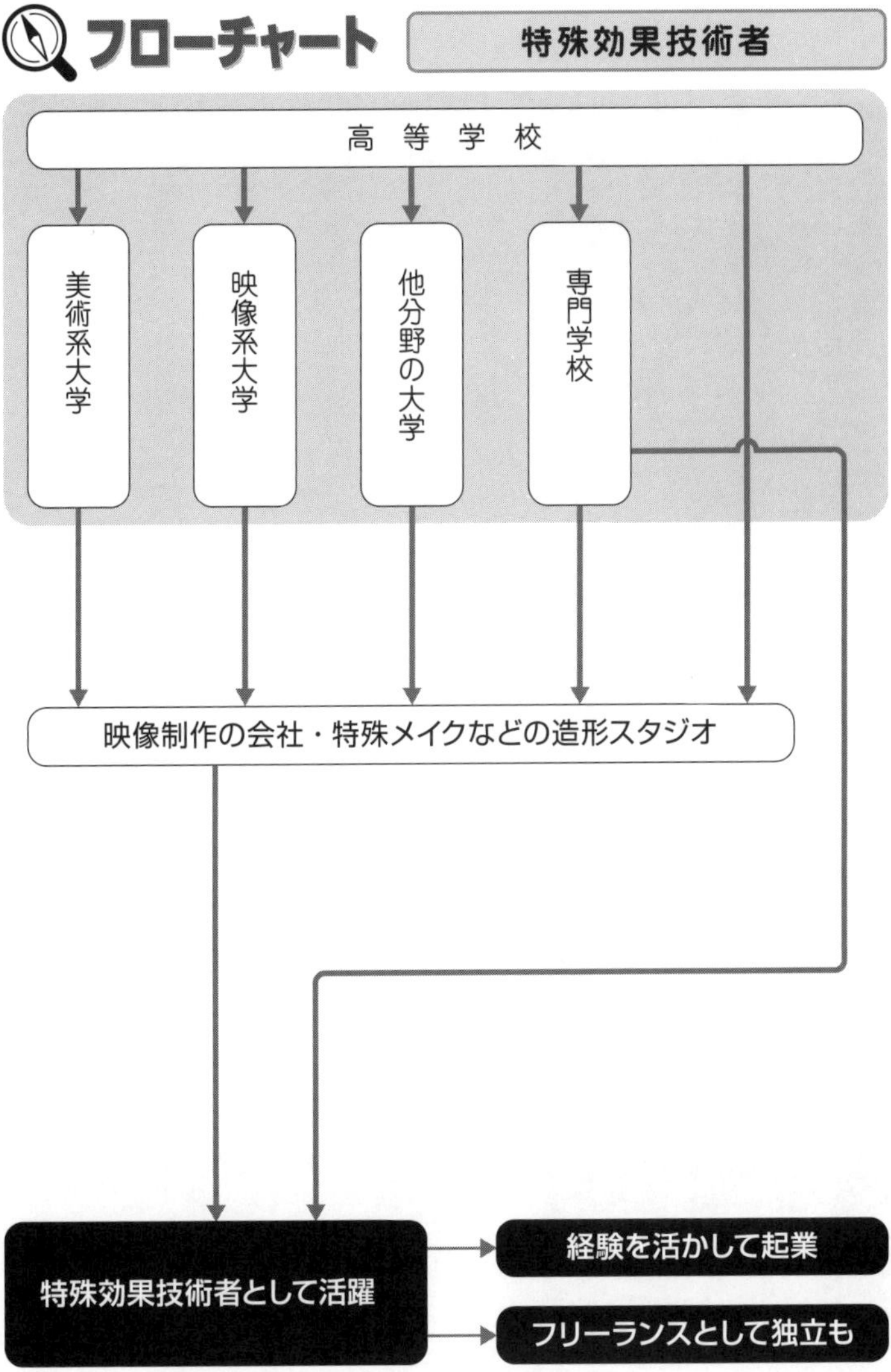
フローチャート
特殊効果技術者
高 等 学 校
美術系大学
映像系大学
他分野の大学
専門学校
映像制作の会社・特殊メイクなどの造形スタジオ
特殊効果技術者として活躍
経験を活かして起業
フリーランスとして独立も

なるにはブックガイド

『映像制作のためのVFX教科書』
Eran Dinur著　高木了編集
株式会社スタジオリズ翻訳
ボーンデジタル

ハリウッドにて数多くの作品でVFXスーパーバイザーを務めた著者が、現場の視点からVFXの仕事に必要なことや、現場の流れを紹介しています。

『メイクアップ・エフェクツ　世界の特殊メイク&メイキングブック』
ハワード・バーガー、マーシャル・ジュリアス著　片桐裕司、神武団四郎監修　富原まさ江翻訳
玄光社

特殊メイクが注目を浴びた映画史に残る作品を取り上げ、網羅した一冊。その技術の進化やテクニック、映像中での使われ方が写真とともに紹介されており、その歴史をあますことなく知ることができます。

『アニマル・モデリング 動物造形解剖学』

片桐裕司著

玄光社

ハリウッドの造形の分野で活躍する著者が、動物造形を本人の視点から解説しています。本物の動物はより本物らしく、現実に存在しないドラゴンを現実のものにするその技法は、特殊メイクだけでなく、3D モデリングの分野にも活用できます。

『特撮映画美術監督 井上泰幸』

キネマ旬報社

『ゴジラ』シリーズなど、数々の東宝の特撮映画を美術監督として支えた井上泰幸の仕事が紹介されています。現代までその影響を与えるミニチュア特撮の歴史や、当時の現場の空気感を、この本を通して知ることができます。

職業MAP! 興味があるのはどの仕事?

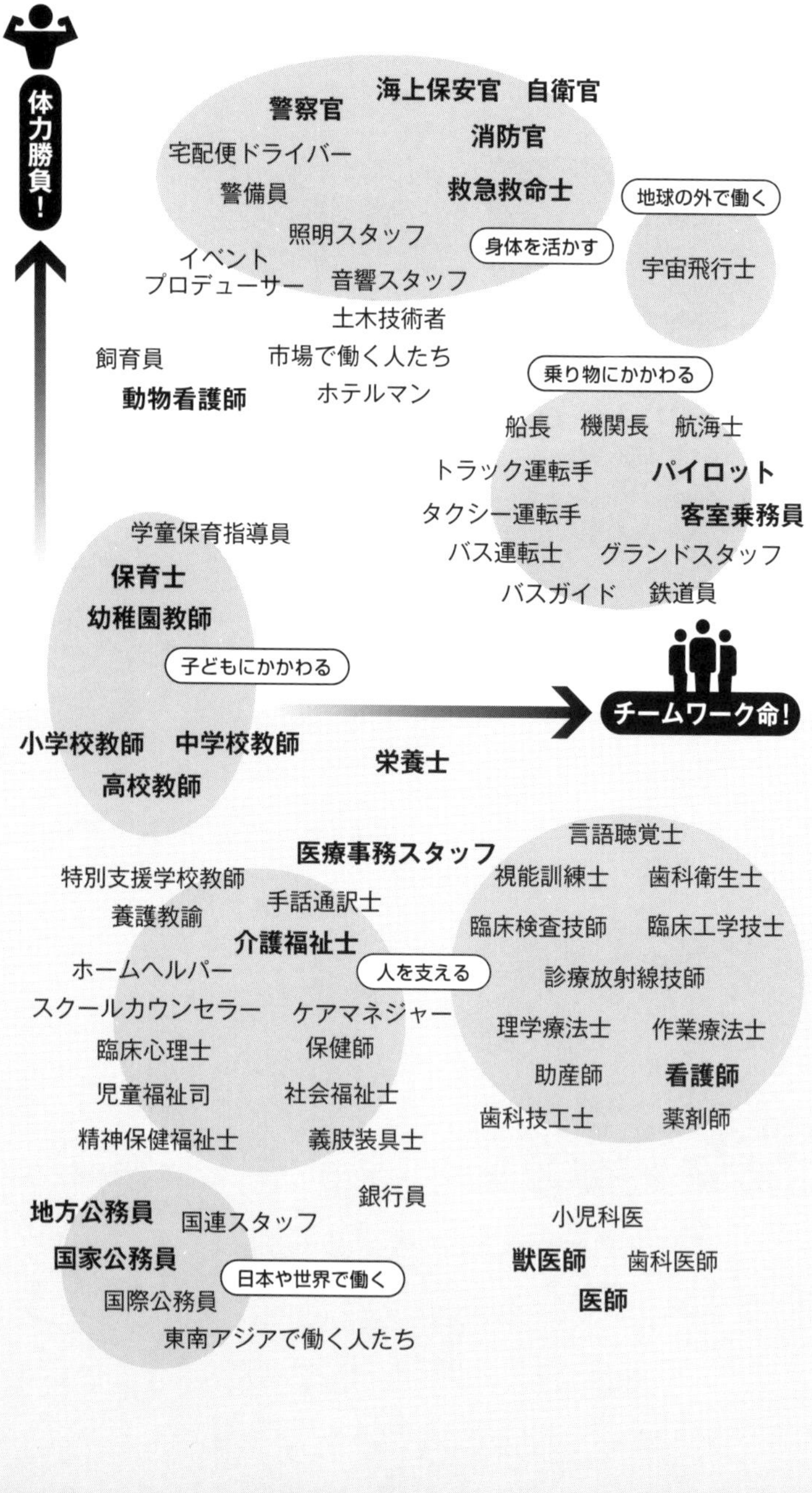
体力勝負!
チームワーク命!
身体を活かす
海上保安官
自衛官
警察官
消防官
宅配便ドライバー
警備員
救急救命士
照明スタッフ
イベントプロデューサー
音響スタッフ
地球の外で働く
宇宙飛行士
土木技術者
飼育員
市場で働く人たち
動物看護師
ホテルマン
乗り物にかかわる
船長
機関長
航海士
トラック運転手
パイロット
タクシー運転手
客室乗務員
バス運転士
グランドスタッフ
バスガイド
鉄道員
学童保育指導員
保育士
幼稚園教師
子どもにかかわる
小学校教師
中学校教師
高校教師
栄養士
人を支える
言語聴覚士
医療事務スタッフ
特別支援学校教師
視能訓練士
歯科衛生士
手話通訳士
養護教諭
臨床検査技師
臨床工学技士
介護福祉士
ホームヘルパー
診療放射線技師
スクールカウンセラー
ケアマネジャー
理学療法士
作業療法士
臨床心理士
保健師
助産師
看護師
児童福祉司
社会福祉士
歯科技工士
薬剤師
精神保健福祉士
義肢装具士
銀行員
地方公務員
国連スタッフ
小児科医
国家公務員
獣医師
歯科医師
日本や世界で働く
国際公務員
医師
東南アジアで働く人たち

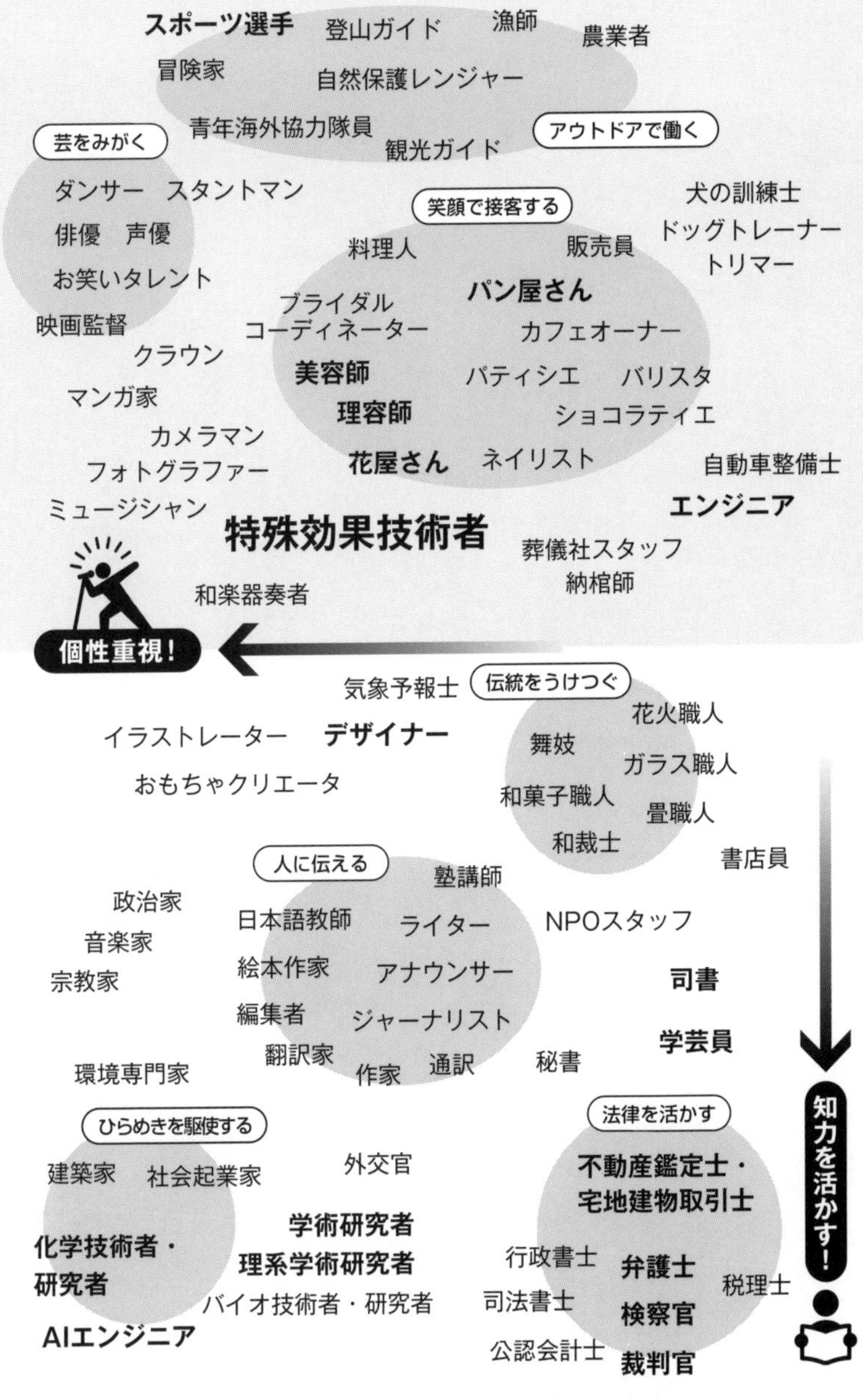
アウトドアで働く
スポーツ選手
登山ガイド
漁師
農業者
冒険家
自然保護レンジャー
青年海外協力隊員
観光ガイド
芸をみがく
ダンサー
スタントマン
俳優
声優
お笑いタレント
映画監督
笑顔で接客する
料理人
販売員
パン屋さん
ブライダルコーディネーター
カフェオーナー
美容師
パティシエ
バリスタ
理容師
ショコラティエ
花屋さん
ネイリスト
犬の訓練士
ドッグトレーナー
トリマー
クラウン
マンガ家
カメラマン
フォトグラファー
ミュージシャン
特殊効果技術者
自動車整備士
エンジニア
葬儀社スタッフ
納棺師
和楽器奏者
個性重視!
気象予報士
伝統をうけつぐ
花火職人
舞妓
ガラス職人
和菓子職人
畳職人
和裁士
イラストレーター
デザイナー
おもちゃクリエータ
書店員
人に伝える
塾講師
政治家
日本語教師
ライター
NPOスタッフ
音楽家
宗教家
絵本作家
アナウンサー
司書
編集者
ジャーナリスト
学芸員
翻訳家
作家
通訳
秘書
環境専門家
知力を活かす!
ひらめきを駆使する
建築家
社会起業家
外交官
学術研究者
理系学術研究者
化学技術者・研究者
バイオ技術者・研究者
AIエンジニア
法律を活かす
不動産鑑定士・宅地建物取引士
行政書士
弁護士
税理士
司法書士
検察官
公認会計士
裁判官

[著者紹介]

小杉眞紀（こすぎ まき）

成城大学文芸学部卒業。大学卒業後、編集アシスタントを経てフリーランスに。主に教育関係の雑誌や書籍の企画・編集およびライターとして活躍中。共著書に『アニメ業界で働く』『ゲーム業界で働く』（ともにぺりかん社）ほかがある。

山田幸彦（やまだ ゆきひこ）

和光大学表現学部総合文化学科卒業。大学在学中からライターとして活動を始める。現在は雑誌にゲームをはじめ、特撮、アニメなどの取材記事を執筆している。共著書に『アニメ業界で働く』『ゲーム業界で働く』（ともにぺりかん社）ほかがある。

特殊《とくしゅ》効果《こうか》技術者《ぎじゅつしゃ》になるには

2024年２月10日　初版第1刷発行

著　者　小杉眞紀　山田幸彦
発行者　廣嶋武人
発行所　株式会社ぺりかん社
〒113-0033　東京都文京区本郷1-28-36
TEL 03-3814-8515（営業）
03-3814-8732（編集）
http://www.perikansha.co.jp/
印刷所　大盛印刷株式会社
製本所　鶴亀製本株式会社

ISBN978-4-8315-1659-6　Printed in Japan

【なるにはBOOKS】ラインナップ 税別価格 1170円〜1700円

❶——パイロット
❷——客室乗務員
❸——ファッションデザイナー
❹——冒険家
❺——美容師・理容師
❻——アナウンサー
❼——マンガ家
❽——船長・機関長
❾——映画監督
❿——通訳者・通訳ガイド
⓫——グラフィックデザイナー
⓬——医師
⓭——看護師
⓮——料理人
⓯——俳優
⓰——保育士
⓱——ジャーナリスト
⓲——エンジニア
⓳——司書
⓴——国家公務員
㉑——弁護士
㉒——工芸家
㉓——外交官
㉔——コンピュータ技術者
㉕——自動車整備士
㉖——鉄道員
㉗——学術研究者(人文・社会科学系)
㉘——公認会計士
㉙——小学校教諭
㉚——音楽家
㉛——フォトグラファー
㉜——建築技術者
㉝——作家
㉞——管理栄養士・栄養士
㉟——販売員・ファッションアドバイザー
㊱——政治家
㊲——環境専門家
㊳——印刷技術者
㊴——美術家
㊵——弁理士
㊶——編集者
㊷——陶芸家
㊸——秘書
㊹——商社マン
㊺——漁師
㊻——農業者
㊼——歯科衛生士・歯科技工士
㊽——警察官
㊾——伝統芸能家
㊿——鍼灸師・マッサージ師
51——青年海外協力隊員
52——広告マン
53——声優
54——スタイリスト
55——不動産鑑定士・宅地建物取引士
56——幼稚園教諭
57——ツアーコンダクター
58——薬剤師
59——インテリアコーディネーター
60——スポーツインストラクター
61——社会福祉士・精神保健福祉士
62——中小企業診断士
63——社会保険労務士
64——旅行業務取扱管理者
65——地方公務員
66——特別支援学校教諭
67——理学療法士
68——獣医師
69——インダストリアルデザイナー
70——グリーンコーディネーター
71——映像技術者
72——棋士
73——自然保護レンジャー
74——力士
75——宗教家
76——CGクリエータ
77——サイエンティスト
78——イベントプロデューサー
79——パン屋さん
80——翻訳家
81——臨床心理士
82——モデル
83——国際公務員
84——日本語教師
85——落語家
86——歯科医師
87——ホテルマン
88——消防官
89——中学校・高校教師
90——動物看護師
91——ドッグトレーナー・犬の訓練士
92——動物園飼育員・水族館飼育員
93——フードコーディネーター
94——シナリオライター・放送作家
95——ソムリエ・バーテンダー
96——お笑いタレント
97——作業療法士
98——通関士
99——杜氏
100——介護福祉士
101——ゲームクリエータ
102——マルチメディアクリエータ
103——ウェブクリエータ
104——花屋さん
105——保健師・養護教諭
106——税理士
107——司法書士
108——行政書士
109——宇宙飛行士
110——学芸員
111——アニメクリエータ
112——臨床検査技師
113——言語聴覚士
114——自衛官
115——ダンサー
116——ジョッキー・調教師
117——プロゴルファー
118——カフェオーナー・カフェスタッフ・バリスタ
119——イラストレーター
120——プロサッカー選手
121——海上保安官
122——競輪選手
123——建築家
124——おもちゃクリエータ
125——音響技術者
126——ロボット技術者
127——ブライダルコーディネーター
128——ミュージシャン
129——ケアマネジャー
130——検察官
131——レーシングドライバー
132——裁判官
133——プロ野球選手
134——パティシエ
135——ライター
136——トリマー
137——ネイリスト
138——社会起業家
139——絵本作家
140——銀行員
141——警備員・セキュリティスタッフ
142——観光ガイド
143——理系学術研究者
144——気象予報士・予報官
145——ビルメンテナンススタッフ
146——義肢装具士
147——助産師
148——グランドスタッフ
149——診療放射線技師
150——視能訓練士
151——バイオ技術者・研究者
152——救急救命士
153——臨床工学技士
154——講談師・浪曲師
155——AIエンジニア
156——アプリケーションエンジニア
157——土木技術者
158——化学技術者・研究者
159——航空宇宙エンジニア
160——医療事務スタッフ
161——航空整備士
162——特殊効果技術者
補巻24 福祉業界で働く
補巻25 教育業界で働く
補巻26 ゲーム業界で働く
補巻27 アニメ業界で働く
補巻28 港で働く
別巻 レポート・論文作成ガイド
別巻 中高生からの防犯
別巻 会社で働く
別巻 大人になる前に知る 老いと死
別巻 中高生の防災ブック
教科と仕事 英語の時間
教科と仕事 国語の時間
教科と仕事 数学の時間
高校調べ 総合学科高校
高校調べ 農業科高校
高校調べ 商業科高校
学部③ 社会学部・観光学部
学部⑤ 工学部
学部⑥ 法学部
学部⑦ 教育学部
学部⑯ 国際学部
学部㉑ 人間科学部
学部㉔ 情報学部
学部㉕ 体育学部・スポーツ科学部
学部㉗ 心理学部
——— 以降続刊 ———

※一部品切・改訂中です。 2023.11.